税金の表と裏の教科書

元国税調査官
大村大次郎

技術評論社

はじめに

　本書は、税金の「取扱説明書」です。

　税金は難解なものです。税金のことがよくわかっているという人は、あまりいないと思います。文系の人はいうに及ばず、理系の人でも税金って何だか面倒くさくてよくわからない、という人が多いようです。

　そういう方のために、なるべくわかりやすく税金のことをご紹介しようというのが、本書の趣旨です。

　税金というのは、本音と建前が著しく乖離した分野でもあります。建前では「税金はきちんと納めなくてはいけない」ことになっています。しかし多くの人は「なるべくなら税金は納めたくない」と思っています。

　巷を見渡せば、そこにあふれている税金情報のほとんどは建前のことばかりです。そして本音の情報というのは、なかなか出回りませんし、出回っている情報も、真偽のほどが怪しいものが少なくありません。

　そこで本書では、建前の情報＝「表」と、本音の情報＝「裏」を同時に学べるように執筆しました。

　本書は一般の人が関係するであろう税金全般について述べています。とはいえ全部を読み通す必要はありません。自分に関係するところだけ、自分がほしい情報だけを選んで読んでもらっても構いません。

　もちろん、税金全般のことを一から学びたいという方などが、最初から最後まで読み通していただくことも想定して執筆しています。

　税金について知りたいことがある方に、必ず何らかのお役に立てるものと自負しています。

　　　　　　　　　　　　　　　　2021年4月　　大村大次郎

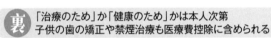

裏　源泉徴収は悪魔の発明品?
　　税務署員がすべて正しいわけじゃない

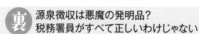

chapter4　税金も自分でコントロール! 個人事業者の税金

裏　本当に青色申告は有利?
　　青色申告をするなら会社をつくったほうがいい
　　個人事業者の脱税手口
　　税務署が使い分ける「実地調査」と「簡易な接触」

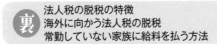

孫を養子にすると節税になる?

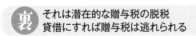

chapter**7**　相続税とセットで考えよう! 贈与税

 それは潜在的な贈与税の脱税
贷借にすれば贈与税は逃れられる

chapter**8**　知られざる仕組みがけっこう多い消費税

裏

海外の免税品を無税で20万円以上持ち帰る方法
日本製商品を消費税抜きで買う方法
日本製商品を20万円以上持ち帰る方法
輸出戻し税は補助金?
消費税を4年間払わずに済ませる方法
消費税は脱税されにくい?
消費税単独での脱税
消費税はどうしても未納が多くなる

chapter **9** ドライバーはしっかり取られている! 車の税金

普通車は月初めに買おう
軽自動車は4月2日以降に買おう
オプションを後から付けてみる
下取り分を車両代金の値下げに充てる
環境性能割を半額にする方法

賃貸マンションの固定資産税も割引になる不思議
固定資産税を安くする裏ワザ
家は年初に買おう
中古マンションの固定資産税の抜け穴

株にかかる税金は世界的に見ても安い
確定拠出年金はなぜ手数料が高いのか?

chapter **12** 知ってしまえば怖くない! 税務署の実態

誰もが無関係でいられない
所得税

税金の基本を
やさしく教えるのが好きな天使。

税金の抜け穴や裏側を
ついつい話したくなる悪魔。

所得税は
一番影響が大きい税金

☑ 所得税は個人のすべての税金の基本となる税金です。
☑ 所得の種類によって所得の計算方法が違ってきます。

👁 個人の収入にかかる税金の基本は「所得税」

私たちは、日々の生活の中でたくさんの税金を払っています。税金にも、いろいろと種類があります。モノを買ったときにかかる税金、土地を持っていることに対してかかる税金、会社の収益にかかる税金、契約書などをつくったときにかかる税金などなどです。

その数ある税金の中でも、私たちの生活にとって一番大きく、一番影響のある税金は、「個人の収入にかかる税金」だといえるでしょう。

スタートとなる本章では、個人の収入にかかる税金をご紹介していきます。

個人の収入にかかる税金にもいくつか種類があります。所得税、住民税、そして事業をしている人には事業税もかかってきます。

その中で、もっとも基本となる税金は「所得税」です。

この所得税は、住民税、事業税とも連動しており、所得税額（所得税の金額）が確定すれば自動的に住民税や事業税も確定するようになっています。住民税 ⇒ 36ページ　事業税 ⇒ 88ページ

ですから、所得税は、個人の収入に対する税金の標準になるものなのです。

👁 所得税の計算方法は？

所得税は、その人の所得に応じて課せられます。

ですが、一口に「所得」といってもいろいろな種類があります。

サラリーマンのように給与として所得を得る人もいれば、自分で事業を行って所得を得ている人もいます。株の配当や預貯金の利子で所得を得ている人、年金で所得を得ている人、不動産の賃貸で所得を得ている人もいます。

それらのさまざまな所得は、税法上は10個に区分され、それぞれ所得の計算方法が違ってきます。

原則としては、それぞれの所得を計算した後、それをすべて合算します。

たとえば、不動産の賃貸収入があり、なおかつサラリーマンとしても給与収入があるような人は、不動産での所得と給与の所得を合算するのです。そうして各人の所得額が決まります。

その各人の所得額から、「所得控除」を差し引いた額が課税対象となります。その課税対象に税率をかけたものが所得税額となります。所得控除 ⇒ 23ページ　所得税の税率 ⇒ 14ページ

そして所得税は、原則として自分で確定申告をして、自分で納付することになっています。

ただし、所得の種類によっては、ほかの所得と合算せずに分離して計算されるもの（分離課税）や、源泉徴収されるだけで納税が完結するものもあります。そのへんは、ちょっとややこしいので注意が必要です。

所得税の計算方法

まず10個ある各所得の所得金額を算出する

$$\left(\; 所得金額 \; - \; 所得控除 \; \right) \times 税率 = 所得税額$$

これが税務署に納付する所得税の金額

所得税は稼ぐ人ほど税率がUPする

　所得税は累進課税になっています。

　累進課税というのは、所得額が大きくなるほど税率が上がっていく仕組みです。所得税は一番低い税率で5%、一番高い税率で45%となっており、お金持ちほどより多くの税金を払わなければなりません。

　この累進課税は、以前はもっと高額所得者の税率が高く設定されており、最高税率は70%を超えていることもありました。ですから、それと比べると、いまは高額所得者の税金はかなり下げられたということになります。

所得税の基本情報

どういう税金？

　個人の収入に対してかかる税金。

誰が負担する？

　一定以上の収入がある人。

税率

課税される所得金額		税率	控除額
1,000円から	194万9000円まで	5%	0円
195万円から	329万9000円まで	10%	9万7500円
330万円から	694万9000円まで	20%	42万7500円
695万円から	899万9000円まで	23%	63万6000円
900万円から	1,799万9000円まで	33%	153万6000円
1,800万円から	3,999万9000円まで	40%	279万6000円
	4,000万円以上	45%	479万6000円

　たとえば、所得から所得控除を差し引いた後の課税対象（課税される所得金額）が500万円だとします。

　その場合なら、表の「330万円から　694万9000円まで」の税率が適用されます。

　「控除額」は　所得 × 税率　の後で、「差し引く額」です。

　算式は、

500万円 × 20% － 42万7500円 ＝ 57万2500円

となり、57万2500円が納付すべき所得税額になります。

税金の算出方法

　原則として　所得 × 税率　となりますが、所得の種類によっては異なる算出方法もあります。

納付方法

　所得の種類によって自分で確定申告をして納付するケースと、源泉徴収されるケースに分かれます。

国税or地方税？

　国税

窓口

　税務署

直接税or間接税？

　直接税

10個ある所得を整理しよう

☑ 所得には10個の種類があります。
☑ 所得の種類によって所得の計算や税金納付の仕方が異なります。

10の所得の種類

　各人の所得額は、所得の種類によって計算方法が違ってきます。所得の種類は、次の10種類です。

❶ 事業所得（営業等・農業）

　商・工業や漁業、農業、個人事業、フリーランスなどの「自営業」から生じる所得です。

所得の計算方法

　事業の収入 − 事業の経費 ＝ 事業所得

税金の計算

　ほかの所得と合算し、所得控除を差し引いた後、所得税の税率をかけます。

納付（徴収）方法

　自分で確定申告をして、自分で税金を納付します。

❷ 不動産所得

　土地や建物、船舶や航空機などの貸付けから生じる所得です。

🏋 所得の計算方法

賃貸収入 − 賃貸に関する経費 = 不動産所得

🏋 税金の計算

ほかの所得と合算し、所得控除を差し引いた後、所得税の税率を
かけます。

🏋 納付（徴収）方法

自分で確定申告をして、自分で税金を納付します。

❸ 利子所得

公社債や預貯金の利子などの所得です。公社債は、国や地方公共
団体、民間会社が発行する債券のことで、ニュースでよく取り上げ
られる「国債」も公社債の1つです。

🏋 所得の計算方法

利子の収入がそのまま利子所得になります。

🏋 税金の計算

利子所得の税金の計算は次のようになり、収入に20.315%をか
けた額が源泉徴収されます。この20.315%の内訳は、所得税と復
興特別所得税が15.315%、地方税が5%です。

利子収入 × 20.315%（国税15.315%と地方税5.0%）

🏋 納付（徴収）方法

国外から得た利子所得は源泉徴収で完結するのではなく、ほかの
所得に加算し確定申告をしなければなりません。その際、国外の金
融機関から源泉徴収されていれば、その分は控除されます。

復興特別所得税は、東日本大震災からの復興のための税金で、所得税額の2.1%が徴収されます。令和19（2037）年まで課せられることになっています。

④ 配当所得

法人から受ける配当や投資信託の収益分配などの所得です。

所得の計算方法

配当された収入がそのまま配当所得になります。

納付（徴収）方法

自分で確定申告をして、自分で税金を納付します。

ただし、上場企業などの配当所得は、20.315%（所得税と復興特別所得税の国税15.315%と地方税5.0%）を源泉徴収されていますので、申告不要とすることができます。

⑤ 給与所得

給料、賃金、賞与などサラリーマンの所得です。

所得の計算方法

給与での収入 − 給与所得控除 ＝ 給与所得

税金の計算

ほかの所得と合算し、所得控除を差し引いた後、所得税の税率をかけます。

🔒 納付（徴収）方法

原則として自分で確定申告をして、自分で税金を納付します。

しかし、所得が給与所得しかなく、年間収入が2,000万円以下の人は、会社が行う年末調整だけで税金の計算と納付が完結します。つまり、ほとんどのサラリーマンは会社の年末調整だけで完結するということです。

👁 ⑥ 退職所得

退職金などの所得です。

🔒 所得の計算方法

$$（退職金の収入 - 退職所得控除額） \times \frac{1}{2} = 退職所得$$

🔒 税金の計算

税金の計算は次の表のとおりになります。

たとえば退職所得が2,000万円だった場合なら、

$$2,000万円 \times 40\% - 279万6000円 = 520万4000円$$

となります。

退職所得の税額

退職所得		税率	控除額
1,000円から	194万9000円まで	5%	0円
195万円から	329万9000円まで	10%	9万7500円
330万円から	694万9000円まで	20%	42万7500円
695万円から	899万9000円まで	23%	63万6000円
900万円から	1,799万9000円まで	33%	153万6000円
1,800万円から	3,999万9000円まで	40%	279万6000円
	4,000万円以上	45%	479万6000円

🏮 納付（徴収）方法

「退職所得の受給に関する申告書」を会社に提出している方は、会社の源泉徴収だけで大丈夫です。

「退職所得の受給に関する申告書」を会社に提出していない方は、退職金の収入金額から一律20.42％が源泉徴収されており確定申告をする必要があります。

👁 ❼ 雑所得

公的年金、生命保険の年金、原稿料や講演料など、ほかの所得に当てはまらない所得です。

🏮 所得の計算方法

公的年金の場合

> 公的年金での収入 － 公的年金等控除 ＝ 雑所得

そのほかの場合

> 収入 － 経費 ＝ そのほかの雑所得

🏮 税金の計算

ほかの所得と合算し、所得控除を差し引いた後、所得税の税率をかけます。

🏮 納付（徴収）方法

自分で確定申告をして、自分で税金を納付します。

👁 ❽ 譲渡所得

土地や建物、株式、借地権、ゴルフ会員権や金地金、機械などを譲渡したことで生じる所得です。

🏛 所得の計算方法

> 譲渡したときの売却額 −
> 　　（その資産の取得費用 ＋ 譲渡にかかる費用）＝ 譲渡所得

🏛 税金の計算

　譲渡所得は、ほかの所得と合算しないで計算する分離課税です。

　譲渡する資産の所有期間によって税率が変わってきます。

　資産を所有していた期間が5年以下の場合は、「短期譲渡」となり、所得税30％ ＋ 復興特別所得税0.63％、地方税9％です。

　資産を所有していた期間が5年を超える場合は、「長期譲渡」となり、所得税15％ ＋ 復興特別所得税0.315％、地方税5％です。

> 本来、所得税はいろんな種類の所得を合算して申告することになっていますが、「分離課税」は合算をせずに、その所得だけで税金を計算するものです。

🏛 納付（徴収）方法

　自分で確定申告をして、自分で税金を納付します。

⑨ 一時所得

　生命保険や一定の保険の一時金、懸賞当選金などの所得です。

🏛 所得の計算方法

> （収入 − 収入を得るために支出した金額 − 特別控除額50万円）
> 　　　　　　　　　　　　　　　　　　　　　　　＝ 一時所得

💰 税金の計算

　ほかの所得と合算し、所得控除を差し引いた後、所得税の税率を
かけます。

💰 納付（徴収）方法

　原則として自分で確定申告をして、自分で税金を納付します。

　ただし、懸賞金付預貯金などの懸賞金や、一時払養老保険、一時
払損害保険など（保険期間が5年以内であるなど一定の要件を満た
すもの）については、20.315％の税率で源泉分離課税が適用され、
申告が不要となります。

　源泉分離課税は、ほかの所得と合算しないで（分離して）一定の
税率で税金が源泉徴収されることで納税が終わる課税方式です。

👁 ⑩ 山林所得

　所有期間が5年を超える山林（立木）を伐採して譲渡したことな
どによって生じる所得です。所有期間が5年以内の場合は事業所得
か雑所得になります。事業所得 ⇒ 16ページ　雑所得 ⇒ 20ページ

💰 所得の計算方法

　山林伐採による収入 －（経費 ＋ 50万円）＝ 山林所得

💰 税金の計算

　ほかの所得と合算し、所得控除を差し引いた後、所得税の税率を
かけます。

💰 納付（徴収）方法

　自分で確定申告をして、自分で税金を納付します。

03【所得控除】

所得控除が増えると税金が安くなる

☑ 所得控除は個人の税金を決める重要なアイテム。
☑ 所得控除はけっこう節税に使えます。

所得控除とは？

私たち個人の税金において「所得の額」とともに重要なポイントとなるのが「所得控除」です。

所得控除というのは、所得金額が決まった後、特定の人が一定の金額を所得金額から差し引ける制度です。結婚している人や扶養している家族が多い人、生命保険をかけている人、地震保険に入っている人……などに適用されます。

前述したように、所得税の税額は次の算式で決まります。

（所得金額 － 所得控除）× 税率 ＝ 所得税額

所得控除の額が多ければ多いほど、税金がかかる所得金額が少なくなるので、結果的に所得税の額が安くなるのです。

所得控除は、所得税の中の制度ですが、住民税にも取り入れられています（同じ額ではありません）。ですから、所得控除を増やせば、所得税だけでなく住民税も安くなるのです。

所得控除は、自営業者からサラリーマンまで所得税を払っている人はほとんどが受けることができます。一部だけ例外があって、配当所得などで源泉分離課税または申告不要制度を選択している人は配当控除を受けることができません。配当控除 ⇒ 214ページ

受けられる控除は漏らさず受けよう

所得控除というと、配偶者控除や生命保険料控除などをパッと思い浮かべる人が多いでしょう。しかし、所得控除はそれだけではありません。

所得控除は、一般の人に関係するものだけでも10数個あります。

その中には、世間にほとんど知られていないものもあります。該当者は確実にいるのに、あまり使われていない所得控除もあるというわけです。

またサラリーマンの方などは、年末調整のときに「会社で全部やってくれているもの」と思っている人も多いようです。**年末調整 ⇒ 53ページ**

しかしそうではありません。

会社が手続きをしてくれている所得控除は、必要最低限のものだけです。所得控除の中には、自分で申告しなければ受けられないものもあります。

そのため、せっかく所得控除を受ける条件をクリアしているのに、受けないままになっているケースも多々あるのです。

それはもったいないので、所得控除の知識を付けてその恩恵を漏らさず受けましょう。

有利な節税方法は税務署が教えてくれるって思ってない？　税務署は聞かれたことしか教えない。税務署のほうから、「こうすれば節税できる」とは絶対にいってこないのだ！　だからどんな所得控除を使えるかは自分で勉強するしかないのだ！

04 【控除の種類】

所得控除の全体像を
押さえよう

☑ 所得控除の種類を1つひとつ確認していきましょう。
☑ 自分に該当する所得控除をフル活用できるとベストです。

基礎控除

確定申告や年末調整をする人は誰でも受けられます。

所得控除の額

所得金額		控除額
	2,400万円以下	48万円
2,400万円超～	2,450万円以下	32万円
2,450万円超～	2,500万円以下	16万円
	2,500万円超	0円

国は所得2,500万円超の人は基礎控除をゼロにして貧富の格差をなくそうとしている、わけじゃないぞ！
これじゃあ富裕層の税負担は2%も増えない。実際はここ数十年で富裕層は40%近くも減税されている。それを誤魔化すための小細工さ。

合計所得が48万円以下の配偶者がいる人が受けられます。配偶者とは、夫から見れば妻、妻から見れば夫のことです。

所得控除の額

夫もしくは妻(配偶者控除を受ける人)の合計所得		一般の控除額	老人控除対象配偶者の控除額
	900万円以下	38万円	48万円
900万円超～	950万円以下	26万円	32万円
950万円超～	1,000万円以下	13万円	16万円
	1,000万円超	0円	0円

※老人控除対象配偶者は、配偶者控除の対象者のうち、その年12月31日現在の年齢が70歳以上の人。

配偶者特別控除

　配偶者の合計所得が48万円超あって配偶者控除が受けられない人で、合計所得が133万円以下の人が受けられます。
　納税者本人の所得が1,000万円以下でなくては受けられません。

所得控除の額

	夫の合計所得※900万円以下	夫の合計所得950万円以下	夫の合計所得1,000万円以下	夫の合計所得1,000万円超
妻の合計所得※48万円超～95万円以下	38万円	26万円	13万円	0円
妻の合計所得95万円超～100万円以下	36万円	24万円	12万円	0円
妻の合計所得100万円超～105万円以下	31万円	21万円	11万円	0円

	夫の合計所得※ 900万円以下	夫の合計所得 950万円以下	夫の合計所得 1,000万円以下	夫の合計所得 1,000万円超
妻の合計所得 105万円超～ 110万円以下	26万円	18万円	9万円	0円
妻の合計所得 110万円超～ 115万円以下	21万円	14万円	7万円	0円
妻の合計所得 115万円超～ 120万円以下	16万円	11万円	6万円	0円
妻の合計所得 120万円超～ 125万円以下	11万円	8万円	4万円	0円
妻の合計所得 125万円超～ 130万円以下	6万円	4万円	2万円	0円
妻の合計所得 130万円超～ 133万円以下	3万円	2万円	1万円	0円
妻の合計所得 133万円超	0円	0円	0円	0円

※「夫の合計所得」は、配偶者特別控除を受ける人の合計所得のことです。妻の
　ほうが収入が高く、夫を扶養しているような場合は「妻の合計所得」となります。
※「妻の合計所得」は、配偶者特別控除の対象となる人の合計所得のことです。
　夫が妻から扶養され、妻が配偶者特別控除を受けている場合は「夫の合計所
　得」となります。
※合計所得とは、その人がもらっている事業所得、給与所得、不動産所得など、す
　べての所得を合計したものです。

奥さん（もしくは夫）がパートをしている
場合、収入が201万6000円までは配
偶者特別控除が受けられます。ですが
パート収入が103万円を超えれば奥さ
ん（もしくは夫）自身に税金がかかるか
もしれないので注意してください。

パート収入のある妻の税金関係（夫の合計所得が900万円以下の場合）

妻の年収	夫の配偶者控除	夫の配偶者特別控除	妻の税金
103万円以下	全額（38万円）受けられる	なし	かからない
103万円超～150万円以下	なし	全額（38万円）受けられる	かかる可能性あり
150万円超～201万6000円未満	なし	妻の収入に応じて段階的に少なくなる	かかる可能性あり
201万6000円以上	なし	なし	かかる可能性あり

※上記は夫の年収が900万円以下の場合。夫の年収が900万円を超えると配偶者控除、配偶者特別控除はこの表よりも段階的に少なくなり、1,000万円を超えるとゼロになります。

扶養控除

扶養している家族（親族）がいる人が受けられるものです。扶養の対象になる家族は、6親等以内の血族か3親等以内の姻族です。

所得控除の額

扶養親族1人あたり　（16歳以上）	38万円
19歳以上 23歳未満の扶養親族	63万円
70歳以上の扶養親族（同居老親等以外）	48万円
70歳以上の同居老親等	58万円

雑損控除

災害、盗難、横領で、生活上の資産に被害を受けた場合に受けられます。事業用の資産の被害では受けられません。事業用の資産の被害は、事業の損失として計上するからです。

「災害」には害虫被害も含まれるほか、シロアリ退治や豪雪地の雪下ろしにかかった費用も含まれます。最近ではスズメバチが民家に巣をつくっていることも多いようですが、その駆除費用も含まれます。

「盗難」は財布をスラれたような場合も該当します。ただし紛失や詐欺による被害は対象とはなりません。

所得控除の額（次のどちらかの多いほうの額）

損失額 － 総所得金額の $\frac{1}{10}$

災害関連支出 － 5万円

医療費控除

1年間の医療費が一定額以上（おおよそ10万円以上）かかった人が受けられます。

医療費控除には、医療機関の診察料や処方された薬代のほかに、通院までにかかった交通費なども含めることができます。

また、国家資格を持つあん摩マッサージ指圧師、はり師、整骨院などでの施術費も含めることができます。ただし、疲れをいやしたり、体調を整えるといった治療でないものは除きます。

さらに医者から処方された薬以外の市販薬でも、体の不調を治すためという目的であれば対象となります。一方で、置き薬や予防のための薬は不可です。サプリも、医薬品で体の不調を治すためのものであれば対象となります。

ただし対象となる医療費は、実際に払った金額だけです。生命保険の入院給付金や健康保険の高額療養費、出産育児一時金などを受けとった場合は、その分を差し引いた額が医療費控除で対象となる医療費になります。

所得控除の額（次のどちらかの多いほうの額）

医療費 － 10万円

医療費 － 総所得金額の5%

「治療のため」か「健康のため」かは本人次第

　あん摩、マッサージ、市販薬、サプリなどの場合、体の不調を治す「治療」のためであれば医療費控除の対象となりますが、単なる健康増進のための場合は対象とはなりません。

　しかし、健康増進のためなのか、体に不調があるのかというのは、本人の自己判断に任されています。

　よほど不自然な点がない限りは、自分が「体調が悪い」と思えばそれが認められるということです。

 子供の歯の矯正や禁煙治療も医療費控除に含められる

　国が指定した温泉療養やスポーツ施設を医師の指示に従って利用した場合、この料金も医療費に含めることができます。ただし医師の証明が必要になります。

　また子供の歯の矯正費用も医療費に含めることができます。大人になったら歯の矯正は美容のためとみなされますが、子供の歯の矯正は治療の一環とみなされるからです。

　そのほかには、不妊治療、ED治療、禁煙治療なども医療費控除に含めることができます。

社会保険料控除

　健康保険、年金などの社会保険料を払った人は、その全額を所得控除できます。これは自分の分だけでなく、家族の分の社会保険料も払った場合には家族の分も含めて控除することができます。

所得控除の額

　支払った社会保険料の全額

小規模企業共済等掛金控除

小規模企業共済や、個人型確定拠出年金、心身障害者扶養共済に加入している場合、その掛金が控除できます。個人型確定拠出年金 ⇒ 222ページ

所得控除の額

> 小規模企業共済、個人型確定拠出年金、心身障害者扶養共済に払った掛金の全額

生命保険料控除

生命保険や介護医療保険、個人年金保険に加入している人が受けられます。介護医療保険、個人年金保険は、公的な介護保険、公的年金とは別に民間の保険会社が売り出している保険商品です。

生命保険料控除は、「生命保険料控除」「個人年金保険料控除」「介護医療保険料控除」の3つに分かれます。これらの3つの保険は、それぞれが所得控除を受けられるので、全部使えば所得控除の額が大きくなってけっこうな節税になります。

所得控除の額

平成24 (2012) 年以降の所得税の生命保険料控除額 (個人年金、介護医療も同じ)

年間の支払保険料の合計		控除額
2万円以下		支払金額全部
2万円を超え	4万円以下	支払金額 $\times \frac{1}{2}$ + 1万円
4万円を超え	8万円以下	支払金額 $\times \frac{1}{4}$ + 2万円
8万円超		一律4万円

👁 地震保険料控除

　地震、噴火、津波を原因とする火災、損壊に備える損害保険に加入している場合に受けられます。

所得控除の額

　保険の支払額の全額。5万円が上限

👁 寄付金控除

　国や地方公共団体、特定公益増進法人、学校などに寄付をした場合に受けられます。

所得控除の額

　寄付金額 − 2,000円

　所得控除の対象となる寄付は総所得金額の40%までという制限があります。

👁 障害者控除

　自分自身や扶養している配偶者、扶養している家族が障害者の場合に受けられます。

所得控除の額

　障害者は27万円
　特別障害者は40万円

👁 寡婦控除

　夫と離婚し現在婚姻していない女性で、合計所得金額が500万円以下で扶養している親族がいる人、夫と死別もしくは夫の生死が明らかでなく現在婚姻していない女性で、合計所得金額が500万円以

下の人が受けられます。

所得控除の額

27万円

 **ひとり親控除**

次の3つの要件にすべて当てはまる「ひとり親」が受けられます。

> 1. 現在、婚姻していないこと。事実婚も不可
> 2. 子供を扶養していること。その子供は所得金額が48万円以下で、ほかの誰の扶養にもなっていないこと
> 3. 合計所得金額が500万円以下であること

所得控除の額

35万円

 ひとり親控除には離婚や配偶者との死別などの条件はありません。つまり未婚のシングルマザー、シングルファザーも対象になるということです。

勤労学生控除

中学、高校、大学もしくは指定された専門学校に通いながら勤労している人で、給料が年間130万円以下の人が受けられます。

所得控除の額

27万円

chapter 1 所得税

「住宅ローン控除」とは、ざっくりいえばローンを組んで住宅を購入した場合、その住宅ローン残高の1％が、毎年、所得税から差し引かれるという制度です。

たとえば3,000万円の住宅ローン残高がある人ならば、3,000万円×1％で、所得税が30万円安くなります。また、もし住宅ローン控除によって所得税がゼロになった場合、まだ住宅ローン控除の枠が残っていれば、その分、住民税が差し引かれます。

住宅ローン控除は原則として家を購入してから10年間受けられることになっています。ただし控除額には限度があり、年間40万円までです。もし住宅ローン控除を満額で受けた場合は、400万円の減税になるということです。

住宅ローン控除が、なぜ最強の控除かというと、所得控除ではなく税額控除だからです。これまでご紹介してきた「所得控除」というのは、税金の基準となる所得を減額する制度です。たとえば、扶養控除であれば、扶養家族1人につき所得が38万円減額されますが、所得が38万円減額されても税金が38万円減るということではありません。所得税は所得に税率をかけて算出されるものなので、所得が38万円減額されれば、それに税率をかけた分だけ税金が安くなるのです。ですから所得税の税率が10％の人ならば、所得が38万円減額されれば、3万8000円だけ所得税が安くなるというわけです。

一方で「税額控除」は、額面がそのまま節税額になります。たとえば住宅ローン控除で、30万円の控除が受けられる人は、そのまま30万円分の税金が安くなります。

現在のところ住宅ローン控除は令和3（2021）年12月31日までの時限的措置となっていますが、これまでも延長されており、新型コロナでの景気対策もありますので、さらに延長される可能性が高いといえます。

chapter

2

必ず仕組みを知っておこう！
住民税

05【住民税とは?】

住民税は
定額と歩合の併用制

☑ 住民税は均等割と所得割を足して求めます。
☑ 住民税は所得税額が決まれば自動的に決まります。

住民税は誰にかかる?

「住民税」は、日本に住んでいる人の誰もが払う税金です。外国人も例外ではありません。

逆に、日本人であっても、日本に居住していない人は住民税が課せられません。留学や海外赴任、海外移住などをする場合は、海外転出届を出すことで住民登録がなくなり住民税がかからないのです。長期旅行者なども同様です。

日本と外国を行き来しているような人なら、おおむね半年以上日本に滞在しているときや、生活の実態が日本にあるようなときには住民税が課せられます。

住民税＝均等割＋所得割

住民税は、「均等割」と「所得割」の2つを合算したものが、払うべき税額となります。

均等割というのは、1人あたりいくらというように決められており、原則として生活保護受給者など以外は誰でも払わなければなりません。標準税額は市区町村民税3,500円、都道府県民税1,500円となっています。

これはすべての自治体で共通ではなく、若干のばらつきがあります。市区町村民税は3,500円から4,400円、都道府県民税は1,500円から2,700円までとなっています。

所得割というのは、所得の額に税率をかけて算出されます。

　税率は、市区町村民税が6%、都道府県民税が4%で合計10%です。

　ただし名古屋市は、ほかの市町村よりも安く、6%ではなく5.7%となっており、均等割も3,300円になっています。

　逆に神奈川県は平成29（2017）年から令和3（2021）年まで所得割が4%ではなく2.025%となっています。市民税は8%です。

　また配当所得、利子所得がある人には、それぞれ「配当割」「利子割」が課されます。配当割も利子割もそれぞれ5%です。配当所得 ⇒ 18ページ　利子所得 ⇒ 17ページ

　住民税は、確定申告をしている人なら原則として申告の必要はありません。

　住民税は、所得税の申告額に連動しています。税務署が収受した所得税の確定申告書のデータは自治体に送られます。自治体はそのデータをもとにして住民税を決定します。

住民税の所得割はこう計算する

　所得割は具体的にどういう計算式になるのかというと、所得税の計算と同じように「所得額」を算出し、その所得額から「所得控除」を差し引いて、その残額に10%をかけます。

　所得額の計算は所得税と同じなのですが、所得控除の金額は所得税と住民税で若干違います。

　たとえば基礎控除は所得税が48万円（所得が2,400万円以下の人）なのに対し、住民税は33万円です。また扶養控除も扶養家族1人あたり所得税が38万円なのに対し、住民税は33万円です。基礎控除 ⇒ 25ページ　扶養控除 ⇒ 28ページ

　住民税のほうが、所得控除の額が若干少なくなっています。つまり、住民税のほうが所得税よりも課税されやすいということです。

住民税のほうが所得税よりも所得控除の額が小さい。それはつまり住民税のほうが収入が少ない者から徴収しているということなのだ。そういうカラクリを知っておかないと増税されても見過ごしてしまうぞ！

住民税の基本情報

どういう税金？
日本に居住している場合にかかる税金。

誰が負担する？
日本のいずれかの自治体に住民票がある人。

税率

均等割

	標準税額	実際の税額
市区町村民税	3,500円	3,500円から4,400円
都道府県民税	1,500円	1,500円から2,700円

所得割

	標準税率
市区町村民税	6%（ただし名古屋市は5.7%）
都道府県民税	4%（ただし神奈川県は平成29年から令和3年まで2.025%）

配当割……5%
利子割……5%

住民税が居住している自治体によって違うことも注意ですが、国民健康保険料は自治体によってもっと差があります。国民健康保険料の計算方法は市区町村のホームページに掲載されているので、国民健康保険に加入する方はチェックしておいたほうがいいですよ。

💰 税金の算出方法

均等割……決められた同じ税額が各人に課せられます。

所得割……各人の所得に対して10%の税率をかけた額が課せられます。

💰 納付方法

サラリーマン……原則として源泉徴収されます。

事業者など……自分で納付します。

配当所得者、利子所得者……源泉徴収されます。

💰 国税 or 地方税？

地方税（都道府県民税）

💰 窓口

市区町村の住民税担当課

💰 直接税 or 間接税？

直接税

💰 免税の条件

均等割……生活保護受給者など。

所得割……年間所得が45万円以下の人など。

上記の免税の条件は一例で、詳細は各自治体によって異なります。

ふるさと納税は
お手軽＋強力な節税方法

- ☑ ふるさと納税は所得税、住民税を実質的に大幅に節税できる制度。
- ☑ 実際に利用しているのは国民の1割以下です。

📢 ふるさと納税のおさらい

「ふるさと納税制度」という言葉を聞いたことがあると思います。これは、自分が好きな自治体に寄付をすれば、その分、所得税、住民税が安くなるという制度です。

　具体的にいうと、自治体に寄付をすれば、所得税、住民税などで寄付金からマイナス2,000円した額が返ってきます。たとえば3万円寄付したのなら、そのマイナス2,000円、つまり2万8000円が返ってくるのです。

　もともとは、都会の人に、自分のふるさとに寄付をしてもらい、地方の財政を充実させようという趣旨で始まりましたが、寄付できる先は自分のふるさとに限りません。自分の好きな自治体どこにでも寄付ができます。

📢 2,000円以上の価値がある返礼品がずらりと並ぶ

　ふるさと納税制度は、うまく使えば強力な"実質的節税"になります。

　ふるさと納税制度を利用して、自治体に寄付をすると、自治体側がお礼として返礼品を送ってくれます。たとえば、山形県新庄市では、1万円を寄付すると山形県産米の「はえぬき」が10キロもらえます。鹿児島県枕崎市では、3万円を寄付すると、鹿児島産の黒毛和牛、黒豚、カツオなどが3回にわたって配送されます。

　いずれの返礼品も、2,000円を軽く上回るものです。

そういう「2,000円の価値を大きく上回る返礼品」を、日本中の市区町村が用意しています。返礼品のレパートリーも豊富で、肉、魚、米、野菜、地酒、うどん、ジャムなどの食料品はもとより、温泉の入浴券、レストランの食事券など、誰もがほしがるものが用意されています。

自治体のホームページにアクセスすれば、それらを見ることができますし、最近では、ふるさと納税の返礼品を集めたポータルサイトがいくつもあります。そういうサイトをチェックして自治体に寄付をすればいいのです。

このふるさと納税制度を使っている人は、まだまだ少数派です。令和元（2019）年の時点で、ふるさと納税をして住民税の控除を受けた人は395万人。これは納税者全体の1割にも満たない数字です。

返礼品をたくさんもらっても負担するお金は2,000円

ふるさと納税では、「1万円前後の寄付をすれば、3,000〜5,000円くらいの価値の返礼品がもらえる」ことが多いです。

ふるさと納税は複数の自治体にすることができるので、複数の自治体に寄付すれば、実質負担2,000円で、各自治体の特産品をいくつももらうことができます。

たとえば、ある人が、A市、B市にそれぞれ1万円ずつ合計2万円寄付したとします。するとA市からはブランド米10キロ、B市からは特産の黒毛和牛A4〜A5ランク切り落とし1キロがそれぞれ送られてきました。A市のブランド米は市価4,980円、B市の黒毛和牛切り落としは市価5,500円。つまり、実質2,000円の負担で1万480円のモノがもらえるのです。

また寄付金の額は2万円に限りません。5万円寄付してもいいですし、6万円寄付してもいいのです。5万円寄付しても、6万円寄付しても税金の還付と控除がありますから、実質の負担金は2,000円なのです。

還付、控除される税金には限度がある

　ただし、ふるさと納税制度では還付、控除される税金に上限額があります。上限額を超えて寄付すると所得税、住民税の控除がされないので、"本当の寄付金"となり、自分が負担することになります。

　上限額の計算は非常に複雑です。ふるさと納税の返礼品を集めたポータルサイトには、自分の収入や配偶者の有無、支払った社会保険料などを入力することで正確な上限額がわかるシミュレーションの機能があります。これからふるさと納税を始めたい人は利用してみるとよいでしょう。

　ここでは、おおまかな上限額を簡単に知る方法をご紹介します。それは、自分が払っている住民税所得割の額を見ることです。

　自分が払っている住民税所得割の額を調べるには、6月に自治体から送られてくる「住民税決定通知書」を見ます。

　毎年6月くらいに、サラリーマンの方なら自治体から会社を通して、個人事業者の方などは自治体から直接「住民税決定通知書」というものが送られてきます。これには、市区町村と都道府県の住民税の内訳が記載されています。

住民税決定通知書

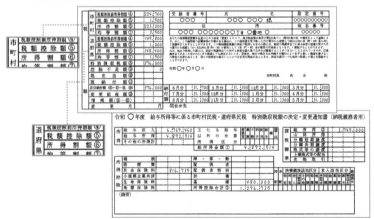

そして、この中に、「市町村・所得割額」という欄と、「道府県・所得割額」という欄があります。この2つの金額を合計したものが、あなたが支払った住民税所得割の額ということになります。この住民税所得割の額の2割が、ざっくりした上限額の目安になります。ただし「住民税所得割の額の2割＝上限額」ではなく、あくまでおおまかな目安に過ぎませんので注意してください。

なお市区町村の住民税担当課に問い合わせて、所得割の額を聞いてみる方法もあります。住民税の所得割は、都道府県が「4」、市区町村が「6」の割合で分配されています。ですから、市区町村の所得割額を0.6で割れば、住民税の所得割額が出てくるのです。

先に所得税が還付されて、後から住民税が控除される

各自治体への寄付の方法は、自治体のホームページなどに載っていますが、わからなければ自治体に問い合わせてみましょう。自治体の担当者は喜んで教えてくれるはずです。

寄付が終われば、自治体から返礼品と寄付金受領証明書が送られてきます。この証明書と、サラリーマンの方なら年末に会社からもらう源泉徴収票を使って確定申告をします。確定申告は、税務署で配布しているマニュアルなどを見れば自分でできないこともありませんが、もしわからなければ税務署に行きましょう。源泉徴収票 ⇒ 52ページ

ふるさと納税の手順

ふるさと納税をしたい自治体に寄付する

寄付した自治体から証明書が送られてくる

その証明書と源泉徴収票（サラリーマンの場合）で確定申告をする

所得税（国税）の税額控除が還付金として銀行に振り込まれる

翌年の住民税に対し、ふるさと納税分の税額控除が受けられる

確定申告が終われば、しばらくすると所得税の還付が受けられます。

ふるさと納税の還付金（寄付金マイナス2,000円）というのは、所得税（国税）と住民税（地方税）の両方を合わせての合計額になります。**国税と地方税 ⇒ 232ページ**

初めに所得税が還付されます。その後に、翌年分の住民税が控除されます。

裏　実は低所得者への増税だった住民税の改正

住民税は平成19（2007）年に改正されました。

それまでの住民税は、所得の多寡（たか）に応じて、5%、10%、13%の3段階に税率が分かれていたのですが、平成19年の改正で所得の多寡にかかわらず、一律10%という税率になりました。

その代わり所得税の各層の税率を5%減額し、所得税と住民税の2つを合わせた税率がプラスマイナスゼロになるように設定されたのです。**所得税の税率 ⇒ 14ページ**

国はこの改正について、「所得税と住民税を合わせればプラスマイナスゼロなので増税ではない」と説明していました。

しかし、これは事実ではありません。

というのは所得税と住民税では、前述したように所得控除が少し違います。

住民税のほうが、所得税よりも所得控除の額が少ないのです。

ですから、住民税と所得税では、同じ収入の人であっても、住民税のほうが課税対象額が大きくなるのです。

そして平成19年の改正では、高額所得者は所得税の割合が増えて住民税が減り、低所得者は所得税の割合が減って住民税が増えることになりました。

ということで、住民税の割合が減った高額所得者は減税となり、住民税の割合が高くなった低額所得者は増税となったのです。

そして住民税は、課税最低限が所得税よりも低く設定されています。ですから所得税を下げて住民税を上げるということは、これまで税金を払わなくて済んでいた低額所得者層にも税金を課すようになった、ということです。

　「平成19年の住民税改正はプラスマイナスゼロ」でなかったことは、計算すれば誰だってすぐにわかる歴然たる事実です。それなのに、誰も怒らない。野党もほとんど文句をいっていません。政治家やマスコミも税金のことをいかに知らないかということの象徴的な出来事だと筆者は思います。

裏　住民税の所得割が免除されるとどうなる?

　あまり知られていませんが、住民税の所得割を支払っていない世帯(人)には、いろいろな恩恵があります。

　住民税の所得割の計算では、課税所得からさまざまな所得控除を差し引きます。**所得割の計算 ⇒ 37ページ** 所得控除を差し引くと、所得がゼロになったりマイナスになったりする場合があります。そのときには、住民税の所得割は課せられません。

　この住民税の所得割が課せられていない世帯のことを「住民税非課税世帯」といいます。住民税非課税世帯には、さまざまな行政上の恩恵があります。その恩恵とは、おおまかにいうと次のようなものです。

☀ 国民健康保険料の減免を受けやすい

☀ 高額医療費の還付金が通常の世帯よりも低い医療費で受けられる

☀ 世帯の中に障害者がいる場合はNHKの受信料が免除になる

　このほかにも、自治体によっては医療費の補助が出るなどの独自の特典があります。

住民税で多いのは脱税より未納

住民税の税額は、所得税と連動しているので、住民税単独での脱税というのは、あまりありません。

ただし、住民税の場合、「未納」が多いのです。

住民税の均等割は、所得税を払わなくてもいい低額所得者であっても課せられます。

所得税を払わなくていい低額所得者の場合、住民税を払えないようなことも多く、それらの人たちが、住民税の督促があっても応じず（応じられず）、納付しないのです。

 海外移住に見せかけた脱税

住民税は、毎年1月1日に住所を置いている場所の市区町村、都道府県からかかる税金です。

1月1日に海外に住所地があれば、住民税はかかりません。

ですから、1月1日時点の居住地を海外に移して、住民税を逃れるというケースが時々あります。実際に海外で生活していなくても、形式上の居住地を海外に置くのです。

これは、かなりお金のかかる脱税方法なので、資産家や海外暮らしに慣れている人くらいしか実行しないようです。

かつて、学者畑出身の某金融担当大臣が、住所地をアメリカに移し、日本の住民税を払っていなかったことが発覚して国会で問題になったことがありました。

結局うやむやになってしまいましたが、税法学者の中には、「某金融担当大臣は、当時日本の大学で働いていたので、実質的に日本に居住していた」「某金融担当大臣は、アメリカで納税したといっているがその証明が提出されていない」として、白ではなくグレーのままだと指摘している人もいました。

過払いしていませんか？
サラリーマンの税金

サラリーマンこそ税金を学ぼう

☑ サラリーマンの税金は会社が源泉徴収しますが、全部やってくれるわけではありません。
☑ 必要な手続きをせずに損している人がたくさんいます。

サラリーマンは税金でもっとも損をしている

サラリーマンの税金は、chapter 1で述べた「個人の収入にかかる税金」に含まれるのですが、ほかの所得の税金とは違う、サラリーマンだけの特殊な部分が多々あります。

本章では、サラリーマンの税金の仕組みに特化して、ご紹介していきます。

サラリーマンの税金は、会社から源泉徴収されています。ですから多くのサラリーマンの方は、税金は会社だけで完結すると思っているようです。

しかし、サラリーマンの税金のうち、会社がやってくれるのは一部分だけです。本来は自分でやらなくてはならないことがたくさんあります。特に節税に関する手続きは、そうです。

それをしないばかりに、損しているサラリーマンはたくさんいます。そしてそういう情報は、税務当局や会社はなかなか教えてくれません。

税金を安くする情報は自分で探すしかないのです。

またサラリーマンの方は、税金に関して声高に叫ばないので、たびたび増税のターゲットにされます。サラリーマンこそ、税金のことをもっと知ってほしいと筆者は思います。

源泉徴収は悪魔の発明品？

　日本で源泉徴収制度が導入されたのは思いのほか早く、戦時中の昭和16（1941）年のことです。同盟国ナチスドイツにならって導入されました。

　信じられないことに、それ以前のサラリーマンの給料には税金がほとんどかけられていませんでした。会社の収益にすでに税金がかかっているので、社員の給料に税金をかければ二重になるということで免除されていたのです。

　しかし、戦火が激しくなり戦費が激増したため特別税としてサラリーマンから源泉徴収するようになりました。

　源泉徴収は、給料を支払っている会社が税金を徴収するので収入の額を間違えることがありませんし、徴税の手間もいりません。税務当局としてはこれほど美味しい制度はないのです。

　税務当局は、戦争が終わってもこの制度を手放そうとはしませんでした。現代の日本のサラリーマンの源泉徴収税は、戦争中の特別税がいまでも形を変えて続いているものというわけです。

　現在、日本のサラリーマンは、世界的に見てもかなり高額な税金、社会保険料を払っているのに、彼らからはあまり文句が出ません。

　それは、自分が実際にどのくらいの税金、社会保険料を払っているのか、よくわかっていないからでしょう。よくわかっていなくても、税金や社会保険料は確実にサラリーマンの重しになり、日本の消費は近年ずっと右肩下がりです。

　源泉徴収制度は、こういう悪魔的な要素を多分に秘めているのです。ですからサラリーマンは自分がいくら税金を払っているかきちんと把握しておかないと、取られるだけ取られるはめになるのです。

給与所得控除を引いて 「課税対象となる所得」を出す

☑ サラリーマンも「必要経費」がかかります。
☑ 給与所得控除はサラリーマンだけに認められている控除です。

給与所得控除はサラリーマンにとっての必要経費

　サラリーマンの給料は、その総額が、課税の対象になるわけではありません。サラリーマンには、「給与所得控除」という制度があります。これはサラリーマンだけの控除です。

　個人事業者などは、売上からさまざまな「必要経費」を差し引くことができます。必要経費を差し引くことで、課税対象となる所得が少なくなり、支払う所得税を圧縮することができます。

　サラリーマンの場合は、まず給料から「給与所得控除」が差し引かれ、その残額が「課税対象となる所得」になります。

　サラリーマンも、仕事のために使う費用は多々あります。仕事関係の人と自腹で飲食したり、仕事関係の情報収集のために通信機器や本を買うなどは日常的に行われています。

　しかしサラリーマンは、個人事業者のように必要経費を差し引くことができないので、その代わりとして給与所得控除があるのです。

　給与所得控除は、サラリーマンの収入に対して一定の割合で控除が行われます。

平均的なサラリーマンなら、だいたい3割程度が給与所得控除として差し引かれます。

サラリーマンの税金の仕組み

$$\boxed{\text{支払総額}} \; - \; \boxed{\text{給与所得控除}} \; = \; \boxed{\text{課税対象となる所得}}$$

⬆
ここからさらにさまざまな
所得控除が差し引かれ、
最終的な「課税される所
得」が決まる。
所得控除 ⇒ 23ページ

給与所得控除は、次の表の計算式で求められます。

たとえば給料が500万円だった人の給与所得控除は、 収入金額 **× 20% + 44万円** の計算式になるので、 **500万円 × 20% + 44万円** で、144万円となります。

つまり、500万円から144万円を差し引いた残額の356万円が、この人の「課税対象となる所得」になるのです。

給与所得控除の額（令和2年以降）

給与等の収入金額	給与所得控除額
162万5000円まで	55万円
162万5001円から 180万円まで	収入金額 × 40% − 10万円
180万1円から 360万円まで	収入金額 × 30% + 8万円
360万1円から 660万円まで	収入金額 × 20% + 44万円
660万1円から 850万円まで	収入金額 × 10% + 110万円
850万1円以上	195万円

chapter **3** サラリーマンの税金

源泉徴収票は
サラリーマンの収支決算書

- ☑ 源泉徴収票には給料と税金のすべての情報がつまっています。
- ☑ なぜ年末調整で税金が還付されるのか理解しましょう。

小遣い帳と同じようなもので難しくない

　会社から年末にもらう「源泉徴収票」は、その年の自分の給料と税金の情報がすべてつめ込まれているものです。いわばサラリーマンの収支決算書のようなものです。

　サラリーマンの方が、自分の収入や払っている税金のことを知ろうと思えば、源泉徴収票の見方を知るのが、もっとも手っとり早いです。

源泉徴収票

令和○年分　　**給与所得の源泉徴収票**

（受給者番号）	○○○○○○○

支払を受ける者　住所又は居所　○○○　○○○○○○○丁目○番地○

氏名　（フリガナ）○○○○　○○○○　○○○　○○○

種別	支払金額	給与所得控除後の金額（調整控除後）	所得控除の額の合計額	源泉徴収税額
給与・賞与	7,698,330	5,828,497	1,550,601	436,800

（源泉）控除対象配偶者の有無等		配偶者（特別）控除の額	控除対象扶養親族の数（配偶者を除く。）				16歳未満扶養親族の数	障害者の数（本人を除く。）		非居住者である親族の数
有	従有	老人	特定		老人		その他		特別	その他
		1	人 従人	内 人	人 従人	人	人 従人	1 人	内 人	人	人

社会保険料等の金額	生命保険料の控除額	地震保険料の控除額	住宅借入金等特別控除の額
1,070,601	40,000	50,000	270,000

（摘要）

源泉徴収票は難しく見えますが、基本的に小遣い帳と同じようなものです。最初に、お小遣い（会社からもらったお金）の額が記されていて、そこから差し引かれるお金のことがいろいろ記されています。

よくよく見れば何てことはない単純な計算表です。

源泉徴収票は、サラリーマンが自分で確定申告をするときには添付しなければならないもので、節税における必須アイテムでもあります（ただし「e-Tax」と呼ばれる電子申告で確定申告を行った場合は源泉徴収票の添付は不要です）。

> 源泉徴収票をちゃんと見れば、総支給額と自分が実際にもらっているお金の差額が大きいことがすぐわかる。その差額が税金や社会保険料というわけだ。源泉徴収票をちゃんと見ない人は国からさんざんむしり取られていることに気付かないのさ。

年末調整で返ってくるのは納めすぎた税金

サラリーマンには「年末調整」があります。

多くのサラリーマンは、年末調整はうれしいものとして認識しているのではないでしょうか？　年末調整では、年末に若干お金が返ってくるので、臨時ボーナス的な感じに思っている方もいるでしょう。

しかしこの年末調整、別に国が頑張っているサラリーマンのために特別ボーナスを支給しているわけではありません。あなたが納めすぎた税金を返しているだけなのです。つまり、年末調整で戻ってきたお金というのは、もとからあなたのお金だったのです。

なぜ年末調整で税金が返ってくるのか？

　年末調整というのは、いまひとつわかりにくいものなので、ここで簡単にご説明しましょう。

　サラリーマンは、毎月の給料が源泉徴収されています。これは、確定した額を引いているのではなく、「このくらいの収入の人は、だいたいこのくらいの税金になるだろう」という見越しでつくられた「源泉徴収税額表」をもとにして引かれているのです。

　しかし、この源泉徴収税額表に示されている源泉徴収額は、実際の税額よりも多くなりがちです。

　源泉徴収税額表というのは、後で税金の取りはぐれがないように少し多めに設定されています。そして、取りすぎた分は、年末調整で返すことになっているのです。

　たとえば、年収500万円で妻と子供2人を扶養している人は、だいたい毎月1万円程度を源泉徴収されています。年間にすると10数万円になります。

　しかし、この人の本来の所得税は10万円足らずです。そこで、年末調整で差額が還付されることになります。

　サラリーマンのほとんどは取られすぎの状態になっています。ですから年末調整で税金が還付されることになるのです。

会社に生命保険の保険料払込証明書などを提出すれば、生命保険料控除（31ページ）も年末調整で自動的に受けられます。もし書類を出すのを忘れた場合は、少し面倒になりますがサラリーマンの方も自分で確定申告をすれば生命保険料控除を受けられます。

税金過払いになっている
サラリーマンたち

- ☑ 年末調整ができずに税金を払いすぎているサラリーマンは多いです。
- ☑ フリーターや派遣社員の人もチェックしてください。

定年退職者や中途退職者は要注意

　前項でご紹介したように、年末調整というのは、年間を通してサラリーマンの税金を確定させ、源泉徴収されていた税金との差額を調整する機能を持っています。

　しかし、サラリーマンの中には、年末調整を受けられない人もいます。

　定年退職した人や、中途退職した人です。

　彼らは税金を納めすぎている可能性があり、もしそうであれば確定申告をすれば税金が還付されます。

　これはサラリーマンにとってかなり大きな問題だと思うのですが、税務当局はほとんど広報していません。

　取るだけはしっかり取るけれど、取りすぎた分はいわれないと返さない、というわけです。税務当局の体質が、こういうところに如実に表れています。

　しかし文句をいっているだけでは納めすぎた税金は戻ってきませんので、税金還付を受ける方法をご紹介しましょう。

　定年退職した人、中途退職した人の税金が納めすぎになっているかどうかは条件によって変わってきますので、条件ごとに説明していきます。

　まず、定年退職か中途退職をして、その年のうちには再就職していない人（もしくはアルバイト程度の仕事しかしていない人）は、ほぼ100％税金を納めすぎています。

　それはこういうことです。

　たとえば、3月31日付で退職した人が、その年は再就職しなかったとします。

　1月から3月までは、毎月40万円の給料をもらっていました。扶養しているのは奥さんだけです。この人は毎月1万3270円を源泉徴収されています。ということは、3月までの3カ月間で3万9810円が源泉徴収されていることになります。

　しかし、この年の給料は年間120万円なので、税金はかかってきません。この人は退職金ももらっていますが、退職金の税金は別に計算されるので、この年の収入はあくまで給料でもらった120万円だけとなります。**退職所得の税金 ⇒ 19ページ** にもかかわらず、3万9810円も税金が徴収されているのです。

　なぜこんなにたくさん源泉徴収されているかというと、毎月源泉徴収される金額は、1年間ずっとその給料がもらえると想定して決められているからです。

　この人の場合だと、月40万円を1年間もらう、つまり年間480万円の収入になるだろうと仮定して、毎月の源泉徴収額が定められているのです。

　この本来払わなくていいはずの税金は、確定申告をしなければ戻ってきません。

　退職したその年のうちに再就職していない人は、多かれ少なかれほとんどがこのケースです。ですので、このケースに当てはまる方は前の会社の源泉徴収票を持って、税務署に確定申告に行きましょう。

退職したばかりの人が税金を納めすぎていることは、けっこう重大な問題なのに税務当局はきちんと告知しない。ヤツらは少しでもたくさん税金を取りたいだけなのさ。だから税金の過少納付にはうるさいが、過大納付にはダンマリなんだよ。

再就職した人も税金払いすぎのケースが

次に、定年退職か中途退職をして、その年のうちに再就職をした人。

この場合は2つの可能性があります。

まず1つは、再就職先の会社が、前の会社の分も含めて年末調整をしてくれている場合。その場合は、税金は納めすぎにはなっていません。

もう1つは、再就職先の会社が、前の会社の分は含めずに、自分の会社が払った給料の分だけで年末調整をしている場合。この場合は、税金を納めすぎている可能性が高いです。

本来は、再就職先の会社は、前の会社の給料分も含めて年末調整をしなくてはならないのですが、時々それをしてくれない会社があるのです。

同じ会社に嘱託で再就職したようなときはほぼありませんが、大企業から中小企業に再就職したときなどにたまにあるパターンです。

前の会社で源泉徴収されていた分が放置されている場合、税金が還付される可能性が高いです。

前の会社の分と通算されているかどうかは、源泉徴収票を見ればわかります。

給与の総額に、前の会社の分も加算されていれば何もしなくて
OKですが、再就職先の会社の分だけしか記載されていなければ還
付ということになります。

　たとえば、前の会社で1月から3月まで200万円の給料をもらっ
ていて、再就職した会社では5月から12月まで300万円もらって
いる人がいたとします。

　前の会社の分も合算して年末調整されていれば、源泉徴収票の
「支払金額」の欄には、「500万円」と記載されているはずです。し
かし「300万円」と記載されているなら、合算はされていないこと
になりますので、確定申告をする必要が出てきます。

　わからない場合には、再就職先の会社の経理担当者に「前の会社
の分も通算して年末調整されていますか?」と尋ねてみてくださ
い。それで、だいたい解決するはずです。

　もし前の会社の分は通算していないということであれば、前の会
社の源泉徴収票と、いまの会社の源泉徴収票を両方持って、税務署
に確定申告に行きましょう。

経理がいい加減な
ところって意外と多
いもの。再就職者
は気を付けろ!

フリーター、派遣社員の人も過払いに注意

　これまでお話ししたのと同じ理屈で、フリーターや派遣社員の方
も、税金を払いすぎているケースが多いです。

　むしろ、フリーター、派遣社員のほうが、中途退職者よりも税金
の過払いはひどいことになっているケースが多いようです。

　昨今では、短期アルバイトや日払いの仕事でも、企業側は源泉徴

収するようになっています。そして、源泉徴収された税金は、年末調整ですべて清算されます。

フリーターや年間を通して働いていない派遣社員の人たちは、年末調整されていないことがほとんどです（年間を通して働いている派遣社員は、働いている期間中に年末を迎えれば年末調整されている可能性が高いのですが）。

そのため、フリーターや年間を通して働いていない派遣社員は、年末調整が受けられておらず、税金納めすぎの状態になっているのです。

フリーター、派遣社員の税金過徴収はかなり大きい

しかも、フリーターなどの場合は、さらに悪い条件があります。

源泉徴収額を決める源泉徴収税額表には、「甲」と「乙」の2つの種類があります。「甲」は源泉徴収額が少なく、「乙」は高くなっています。

「甲」と「乙」の違いは、「扶養控除等申告書」（給与所得者の扶養控除等（異動）申告書）という書類を会社に提出したかどうかです。

提出した人は、源泉徴収額が少ない「甲」の方法になるのですが、扶養控除等申告書を会社に提出していない人は、源泉徴収額が高い「乙」の方法となります。

扶養控除等申告書は、扶養する家族の人数などを申告する書類です。扶養する家族の人数がわかれば、税金の額もだいたい推測がつくので、実態に近い源泉徴収額になります。

しかし、扶養控除等申告書を提出していない場合は、扶養する家族の人数などがわからないので、実際よりもかなり多めに源泉徴収されるのです。

サラリーマンは扶養控除等申告書を会社に提出するものですが、フリーターや年間を通して働いていない派遣社員の場合は、ほとん

ど提出しません。

　ですので、フリーター、年間を通して働いていない派遣社員は、かなり多めに源泉徴収されているのです。

　たとえば、月給30万円をもらっている人（妻と子供1人を扶養）の場合、「甲」の方法では毎月の源泉徴収額は5,130円で済みます。しかし、「乙」の方法では、5万3700円も源泉徴収されるのです。

　こういった人たちは自分で確定申告をすれば、かなりの確率で税金が戻ってきます。

　半年くらいアルバイトをしている人ならば、確定申告をすることで1週間分のアルバイト料くらいは戻ってくるでしょう。面倒くさがらずに、ぜひ確定申告をしてください。

　確定申告をするには源泉徴収票が必要です。源泉徴収票は必ず取っておくようにしましょう。

フリーターや派遣で働いている人は、ほとんどがこのことを知らず確定申告をしている人は少ないようです。
身近にフリーターや派遣で働いている人がいたらぜひ教えてあげましょう。

フリーターや派遣の人にとって、税金の還付があるかどうかってのはかなり大きいはず。

【税金還付】

サラリーマンが
税金を還付してもらう方法

☑ サラリーマンの税金還付は簡単です。
☑ 確定申告が必要ないケースもあります。

サラリーマンが税金を還付してもらうには？

　次にサラリーマンの方が、税金還付を受けるための方法をご紹介します。

　サラリーマンの税金還付には、2つのパターンがあります。

　1つは、会社に申請して会社が年末調整で手続きを全部やってくれるパターン。

　もう1つは、会社では手続きが完了しないので、自分で確定申告をしなければならないパターンです。

会社に書類を提出するだけでいいケース

　まず1つ目の、会社に申請するだけでいいパターンからご説明します。

　サラリーマンの節税方法の中には、会社に申告するだけで完結するものも多々あります。つまり、税務署に行かなくていい、確定申告もしなくていい、というわけです。

　たとえば扶養控除です。扶養控除 ⇒ 28ページ これは、会社に扶養控除等申告書を出すだけでいいのです。扶養控除等申告書は、春先に会社の担当者から「これを出してください」と書類が配布されます。

　それに記載すればいいだけです。老親を扶養に入れようとか、会社を辞めた息子を扶養に入れようというようなときでも、扶養控除

等申告書に記入するだけでいいのです。特別な手続きは一切必要ありません。

また生命保険料控除なども同様です。生命保険料控除 ⇒ 31ページ 会社が「保険料控除申告書」を配布してくれますので、それに記載すればOKです。

これは、サラリーマンの強みでもあります。自営業者やフリーランサーなどの場合は、そうはいきませんので。

また会社に書類を提出した後で変更があった場合でも、年末調整の前であれば、会社にそれを伝えるだけで手続きが完了します。

もし年末調整が終わっていれば、そこでやっと税務署で確定申告をすることになります。

サラリーマンの税金還付の手続き

確定申告をしなくてはならないもの	会社に書類を提出するだけでいいもの（主なもの）
・住宅ローン控除（初年度のみ）	・扶養控除
・医療費控除	・配偶者控除
・雑損控除	・家族分の社会保険料控除
	・生命保険料控除
	・個人年金保険料控除
	・介護医療保険料控除
	・地震保険料控除
	・寡婦控除、ひとり親控除

※ただし、会社に書類を出すだけでいいものであっても、過去の分など、場合によっては確定申告が必要になることもあります。
　税金還付を受けるために確定申告をしなければならないかどうかは、会社か税務署に相談してください。

サラリーマンの確定申告は税務署がやってくれる

次に、サラリーマンが自分で確定申告をする場合についてご説明します。

62ページの表に挙げたように、住宅ローン控除を最初に受けるときや、医療費控除などは、会社で手続きをすることはできないので、税務署で確定申告をしなくてはいけません。**住宅ローン控除 ⇒ 34 ページ　医療費控除 ⇒ 29ページ**

サラリーマンにとって、確定申告というのは非常にハードルが高いものでしょう。数万円の税金が戻ってくるとわかっていても、確定申告に行きたくなくて二の足を踏んでいる方もけっこういるのではないでしょうか。

ですが、最初に念頭に置いておいていただきたいのは、サラリーマンの確定申告は非常に簡単だということです。

サラリーマンの確定申告の大半は、基本的に税務署がやってくれます。

税務署は毎年、2月16日から3月15日までの確定申告の期間に申告相談を行っています。この期間に税務署に行けば、税務署員や税理士が無料で確定申告書をつくってくれるサービスがあります。

これを使えば、面倒な申告書づくりを税務署にお任せできます。

税金の還付を受けるための確定申告を「還付申告」といいます。サラリーマンなら、このサービスを利用すれば、ほとんどの還付申告ができます。

サラリーマンは税務署と税法の解釈でもめたりするケースはあまりないので、税務署に全部任せてしまっても大丈夫なのです。

税務署員というと怖い人というイメージを持っている人も多いかもしれませんが、決してそんなことはありません。税務署は、窓口の対応に関しては厳しく指導されており、「窓口対応のいい官庁」

として常に上位にランキングされています。窓口の人は、とても親切ですし対応にも慣れています。安心して税務署に足を運びましょう。

還付申告はいつでもできる

　また、サラリーマンの確定申告は、原則としていつでもいいことになっています。

　確定申告は、前年の収入などに対して税務申告を行うものなので、年が明けて税務署が開けば（通常は1月4日）、いつでもいいのです。

　確定申告というと、2月16日から3月15日までの期間に確定申告書を提出しなければならない、と思っている人が多いようです。国税庁もそう広報しています。

　しかし、実は還付申告（税金が戻ってくる申告）の場合は、いつでもできるのです。

　2月16日以前にしてもいいですし、3月15日以降にしてもいいのです。還付申告の場合は、わざわざ税務署が混雑する2月、3月にする必要はなく、手の空いた日にすればいいのです。税務署が開く1月4日以降ならOKということで、正月休みの間に税務署に行ってもいいわけです。

　また昨今では、確定申告期間中は何回か日曜日も税務署が開庁するようになっています（すべての税務署がそうというわけではなく、一部の税務署では開庁しない場合もあるので最寄りの税務署に確認してください）。平日に行く暇がなくても、足を運べるチャンスはあります。

家族が代理で確定申告することもできる

　サラリーマンの還付申告は、配偶者や家族が代理で行う、という方法もあります。

やり方は簡単で、配偶者や家族に必要書類だけ持たせて、税務署に行ってもらえばいいだけです。この際には、委任状などは必要ありません。

ただし、還付申告を受ける本人の身分証明書のコピーは持っていきましょう。

そして配偶者や家族が税務署の窓口で「代理で確定申告に来ました」と申し出て、必要書類を税務署員に確認してもらえば、後は税務署員が確定申告書をつくってくれます。

最初に税務署に必要書類を問い合わせよう

税務署に行く前には、必ず税務署に電話して必要書類の確認をしておきましょう。還付申告の種類によっては必要書類が違ってきますし、住宅ローン控除などは、かなりの書類が必要になるからです。

やはり官庁は融通が利かないので、必要な書類がそろっていないと受け付けてくれないことが多いものです。それでは二度手間になってしまいますから、まずは必要書類を確認することです。

サラリーマンの確定申告で欠かせないのが、源泉徴収票と印鑑です。

印鑑は実印でなくても構いませんが、シャチハタは税務署によっては受け付けないこともありますからやめたほうがいいです。身分証明書も持っていきましょう。

5年前までさかのぼって確定申告ができる

自分も還付申告に該当しそうだけど、それは昔の分で、もう時間がたってしまった、というような方もけっこういるのではないでしょうか。

たとえば、数年前の台風のときに家屋が被災して修理したけれど雑損控除を受けていなかった、家族の分の社会保険料を以前から

払っていたけれど社会保険料控除を受けていなかった、などです。

雑損控除 ⇒ 28ページ　社会保険料控除 ⇒ 30ページ

　サラリーマンの場合、そういう方でも還付申告を受けることができます。

　というのも、サラリーマンなどでまだ一度も確定申告をしていない方は、5年前までさかのぼって確定申告ができるのです。

　個人事業者やフリーランサーなどで、毎年、確定申告をしている人は1年前のものしかさかのぼることができないのですが、一度も確定申告をしていないサラリーマンなどは、5年間大丈夫なのです。ただし、サラリーマンでも過去に確定申告をしている場合は、確定申告した年の分は、さかのぼって確定申告をやりなおすことはできません。

　控除のし忘れに気付いた人は、5年前までのものは確定申告ができます。

　「更正の請求」という手続きをすれば個人事業者もサラリーマンも5年前の分までさかのぼって税金の納めすぎを取り戻すことができますが、更正の請求は通常の申告と比べると少し複雑です。

　ただし税金の申告漏れがあった場合は、いつでも修正申告ができるのだ。

医療費控除の申告は 自分でやったほうがいい

☑ グレーゾーンの医療費を税務署にお任せするのはやめましょう。
☑ 納税者は言いくるめられてしまいます。

サラリーマンでも税務署ともめることがある

サラリーマンの確定申告は基本的に税務署にやってもらえばいい、ということをお話ししましたが、実は、全部が全部、税務署にやってもらったほうがいいとは限らないのです。申告内容によっては、税務署にやってもらわずに自分でやったほうがいいケースもあります。

具体的にいえば、医療費控除です。これを税務署にお任せすると、税務署員や税理士は医療費の領収書をチェックしながら確定申告書をつくっていきます。このときに若干、問題が生じます。

通院するとき、どうしても体調が悪くてタクシーを利用した場合、タクシー代は医療費として認められますが、どれくらい体調が悪かったかどうかは本人にしかわかりません。

30ページで医療費控除は「本人の自己判断に任されている」と書いたように、あいまいな部分が非常に多く、OKともNGともとれるケースがたくさんあります。でも税務署員が確定申告書をつくる場合は、あいまいな部分はすべてNGとされ、税金は高いほうへと誘導されます。「通院のタクシー代は、基本的に医療費には認められませんよ」という具合に。

納税者側としては、「いや、このときはすごく体調が悪かったので、タクシーを使ったんです」とはっきり言い返せばいいのです

が、税務署員を前にしてはなかなかそういうことも難しいものです。

　医療費控除は、税法的にグレーゾーンが多く、税務署員が難癖を付けてくる可能性が多々あります。

　そういう面倒を避けるためには、自分で確定申告書をつくるほうがいいでしょう。自分で申告書をつくって医療費控除を申請すれば、それを税務署がハネる可能性はほとんどありません。

　税務申告というのは、基本的に「申告されたものを正しいとみなす」原則があります。

　税務当局は、申告が明確に間違っていることが判明しない限り、申告を是正したり、申告を受け付けない、というようなことはできません。ですから、医療費控除の場合も、自分で確定申告をしてしまえば、それを税務署が覆すことはとても難しいのです。

　注意点としては、医療費控除で自分で申告する必要があるのは、先ほどのタクシー代のほか、マッサージ代やサプリ代のように"グレーゾーン"の医療費を計上する場合だけです。明らかに医療費控除として認められるものばかりを申告するときには、税務署でつくってもらっても構いません。

裏　税務署員がすべて正しいわけじゃない

　納税者の方に肝に銘じていただきたいのは、税務署員というのは、絶対に正しいわけでも、彼らのいうことを必ず聞かなくてはならないわけでもない、ということです。

　わかりやすい例をご紹介します。

　筆者が医療費控除のことを調べているときのことです。禁煙治療やED治療、薄毛のAGA治療は、医療上の「治療」ということになっていますが、医療費控除の対象になるかどうか、どんな文献にも載っていませんでした。

　そこで、筆者は東京国税局に問い合わせました。

東京国税局のMという相談官は、最初、次のように答えました。

「医療費控除は、病気や怪我をしたときの治療にかかる費用というのが原則です。禁煙、ED、AGAは病気や怪我ではありませんので、医療費控除の対象にはならないと思います」

　筆者は、これを聞いて不審に思いました。元税務署員としての勘が働いたのです。「この人、正確な情報に基づいていっているわけじゃなく、単に憶測でいっているだけだ」と。

　M相談官は、「ならないと思います」と答えました。「思います」は、明確な答えではありません。

　税務署員というのは、正確なことを知らないときに、時々こういう答え方をします。税法や通達でどうなっているのか正しい答えを知らないときに、逃げを打って「思います」と答えるのです。筆者はすかさずいいました。

「思いますってことは、国税の見解ではないんですよね？　国税局としてのはっきりした見解を知りたいのですが」

　M相談官はいろいろ言い訳をしていましたが、筆者が「あやふやな言い方ではなく、国税局のちゃんとした見解を教えてください。ちゃんと調べてから、後から電話をください」というと、「わかりました」と答えました。

　しばらくしてM相談官から電話がかかってきて、「ご質問の件ですが、禁煙治療とED治療については医療費控除の対象となります。AGA治療については検討中です」と回答してきました。

　案の定、M相談官は勝手な判断で、「それは病気や怪我の治療ではないから、医療費控除の対象にはならないと思います」といっていたのです。

　もし筆者が一般の納税者であれば、それを聞いて、そのまま鵜呑みにしていたはずです。

　東京国税局の電話相談係というのは、国税庁の顔であり、国税の見解を代表した部署です。そういう部署が、平気で誤りを教えてい

るわけです。

　しかも、その誤りは、納税者有利ではなく納税者不利になっています。

　税務署というのは、税務調査権という強大な国家権力を持っています。納税者は誰でも、税務署が行う税務調査を甘んじて受けなくてはなりません。自分の資産を勝手に調べられたり、細かなことをうじうじ詰問されたりするわけです。

　でも、それは、税務当局側が絶対にルールにのっとってやっていることが大前提になるはずです。

　国税局は、納税者に対して非常に厳しい対応をするのに、税法の明確な解釈さえ答えられない。

　こういう点について、国税庁は世間からもっと非難されるべきだと筆者は思っています。

　ちなみにAGAについて、後日あらためて国税局の電話相談室に確認したところ、「病気が原因でAGAになったような場合はAGA治療も医療費控除の対象になりますが、単に加齢で髪が薄くなったというだけでは対象になりません」との回答がありました。

chapter
4

税金も自分でコントロール！
個人事業者の税金

個人事業者やフリーランサーの税金の求め方

☑ 個人事業者とは会社登記をしていない事業者のことです。
☑ 個人事業者は事業の利益に対して税金が課せられます。

個人事業者やフリーランサーの税金

　個人の収入で代表的なものは、「給与の収入」と「事業者としての収入」の2つです。本章では、事業者について取り上げます。

　事業者というと、会社を思い浮かべる人が多いかもしれません。しかし、事業者は会社だけではありません。

　事業者の形態というのは、大きく分けて2つあります。

　1つは会社組織、もう1つは個人事業です。

　会社というのは、法人登記を行った事業者のことであり、個人事業者というのは、法人登記を行わず個人名義で事業をしている事業者のことです。つまり、自営業やフリーランサーなど自ら商売をしている人で、会社の登記をしていない人は、すべて個人事業者になります。

　このように、事業者というのは、会社の登記をしているかどうかだけで、「会社」「個人事業者」に分かれるのですが、両者は法律上の取り扱いがまったく違います。特に税金は大きく変わってきます。

　会社には、法人税、法人住民税、法人事業税などがかかってきます。**法人税 ⇒ 94ページ　法人住民税 ⇒ 94ページ　法人事業税 ⇒ 94ページ** しかし、個人事業者には、法人関係の税金はかかってきません。その代わり個人で得た収入に対して、所得税や住民税（場合によっては事業税も）がかかってくるのです。**所得税 ⇒ 12ページ　住民税 ⇒ 36ページ　事業税 ⇒ 88ページ** それが、個人事業者の税金です。

個人事業者の税金は、その年に儲かったお金（所得）に対してかかってきます。この「所得」というのは、事業でいうところの「利益」に当たるものです。このことは所得税も住民税も事業税も、基本的には同様です。

ですから個人事業者は、まずその年に儲かったお金（所得）を計算することになります。どれだけ儲かったか、という計算は、基本的には「売上」から「必要経費」を差し引いて算出します。その残額が、儲かったお金、つまり「所得」ということになるのです。

その所得から、chapter 1でご説明した「所得控除」を差し引くと、所得税の基準となる「課税標準」になります。この課税標準に所得税の税率をかけたものが所得税となります。所得税の税率 ⇒ 14ページ

そして所得税が決まれば、自動的に住民税、事業税も確定します。

個人事業者の税金の決め方

事業の売上 － 事業の経費 ＝ 事業所得

（ 事業所得 － 所得控除 ）× 所得税の税率 ＝ 所得税

自営業やフリーランサーを始めるときは事業を開始してから1カ月以内に税務署に開業届を出すことになっていますが、開業届は出さなくても税務申告をすることはできます。

そもそも青色申告って何？

- ☑ 個人事業者の税金の申告方法には青色申告と白色申告の2種類があります。
- ☑ 青色申告が絶対に有利なわけではありません。

🔧 青色申告と白色申告

　個人事業者は、サラリーマンと違って自分で税金の計算をし、確定申告書を税務署に提出しなければなりません。

　確定申告をする場合、2つの方法があります。

　1つは「青色申告」、もう1つは「白色申告」です。

　青色申告は、条件に従って帳簿をきちんと付けた人が、若干の恩恵にあずかるという制度です。これは、青色申告することを自分で申請しないとできません。

　白色申告は、青色申告の申請をしていない人、あるいは青色申告をしていたけれど取り消しになった人が行う申告方法です。

　日本は申告納税制度をとっており、納税者が自ら税法に従って正しく所得金額と税額を計算し納税するのが本来の姿です。

　正しく確定申告をするためには、収入金額や必要経費に関する日々の取引の状況を記帳したり、必要書類を保存しておかなくてはなりません。

　しかし、自分で事業をしている人は、なかなかそこまで手が回りません。特に零細の個人事業者は帳簿をきちんと付けていない人がたくさんいました。

　戦前の日本では、申告納税制度ではなく、賦課課税制度といって、税務当局が各人の事業内容などを見て税金を決めていたのです。ですから、もともと日本の事業者たちは記帳したり申告したり

することに慣れていなかったのです。

その対策として税務当局が始めたのが青色申告です。青色申告は、個人事業者の「事業所得」のほか、「不動産所得」「山林所得」でも行うことができます。**事業所得 ⇒ 16ページ　不動産所得 ⇒ 16ページ　山林所得 ⇒ 22ページ**

日本の事業者のすべてが青色申告をしているわけではなく、だいたい6割程度とされています。

会社の税金（法人税）にも青色申告があります。会社の場合は、そもそも会社法や商法などで記帳などの義務がありますから、ほとんどの会社は青色申告の要件を満たしています。ですから、大多数の会社は青色申告をしています。

本当に青色申告は有利？

税務署などでは「同じ申告をするなら青色申告で」というふうに、よく青色申告がおすすめされます。

確かに青色申告には青色申告だけで認められている特典がたくさんありますが、デメリットもあります。

まず会計初心者にとって、条件に従って「正規の簿記」を行うことは、かなり大きな負担です。税理士に頼んだりすれば、特典で得られる控除額以上の費用がかかってしまいます。

また、青色申告を行うと税務署の目が厳しくなります。青色申告は会計が整備されていることが前提になるので、ちょっとしたミスや不正も許さない、という姿勢になるのです。

青色申告をしている人は、帳簿や帳票類がきちんと整備されているわけですから、税務署としては経理内容を調べやすいということでもあります。何かを誤魔化していたり、よからぬことをしていたとき発覚しやすくなるわけです。そもそも、税務当局が青色申告をつくった狙いはそこにあります。

条件をクリアすると 青色申告のプレゼントがもらえる

- ☑ ルールを守ることで青色申告が認められます。
- ☑ 青色申告の代表的な特典は、青色申告特別控除と家族従業員に払った給料を経費に算入できること。

 青色申告をするための2つの大きな条件

青色申告をするためには、まず次の2つの条件をクリアしなくてはなりません。

- ☀ 期限までに「所得税の青色申告承認申請書」を納税地の所轄税務署長に提出すること
- ☀ 一定の条件に従って記帳し、一定期間、帳簿や会計書類の保管を行うこと

税務署に「所得税の青色申告承認申請書」を提出して、青色申告を申請する期限は次のようになっています。

- **1.** 新たに青色申告の申請をする人……その年の3月15日まで
- **2.** 新規開業した人（その年の1月15日以前に新規に業務を開始した場合）……その年の3月15日まで
- **3.** 新規開業した人（その年の1月16日以後に新規に業務を開始した場合）……業務を開始した日から2カ月以内

青色申告の承認を受けていた被相続人の事業を相続により承継した場合は、死亡の時期に応じて、それぞれ次の期間内に提出します。

1. 死亡の日がその年の1月1日から8月31日までの場合……死亡の日から4カ月以内
2. 死亡の日がその年の9月1日から10月31日までの場合……その年の12月31日まで
3. 死亡の日がその年の11月1日から12月31日までの場合……その年の翌年の2月15日まで

「正規の簿記」のハードルが高い

青色申告は、原則として、貸借対照表と損益計算書を作成する「正規の簿記」を行うことになっています。

この正規の簿記は「複式簿記」といい、会計初心者にとっては、かなり大きな負担です。税務署の関係団体などが記帳の指導も行っていますが、複式簿記を素人が自分だけでやるのは事実上無理です。青色申告をしようと思えば税理士に頼まなくてはならなくなります。

現金出納帳、売掛帳、買掛帳、経費帳、固定資産台帳などの帳簿を備え付けて簡易な記帳をすることも認められていますが、ただしその場合は、青色申告の特典である「青色申告特別控除」の額が少なくなってしまいます。

また帳簿や会計書類などは、原則として7年間保管することとされています。一方で請求書、見積書、納品書、送り状など補助的な書類は5年間の保管でOKとなっています。これらの条件をクリアして青色申告をすることが認められると、青色申告のメリットを享受できます。ここでは主な青色申告のメリットをご紹介します。

青色申告特別控除55万円

正規の簿記で記帳し、貸借対照表と損益計算書をつくって確定申告書に添付した場合、原則として所得から55万円を差し引けます。

さらにこの55万円の青色申告特別控除を受けることができる人

が、電子帳簿保存または「e-Tax」と呼ばれる電子申告を行っている場合は、10万円が上乗せされて65万円の青色申告特別控除が受けられます。ですから、所得税の税率が10％の人なら、65万円の青色申告特別控除を受ければ6万5000円税金が安くなるのです。住民税も含めれば約13万円税金が安くなります。

一方で、複式簿記でない簡易的な簿記で記帳した場合は、青色申告特別控除の額が10万円になります。

家族従業員に給料が払える

青色申告をしている人は、妻などの家族がその事業の手伝いをしている場合に給料を払うことができます。その家族への給料を事業の必要経費として計上することができます。

白色申告も家族に対して給料を出すことが認められていますが、出せる金額に厳密な制限があります。**白色申告の専従者控除 ⇒ 84ページ**

貸倒引当金を使える

青色申告をしている人は、貸倒引当金というものを設けることができます。貸倒引当金は、売掛金、貸付金などの貸金の貸し倒れによる損失の見込額として、その年の年末時点の残高の5.5％までを貸倒引当金として計上し、必要経費に算入できるというものです。ただし、金融業を営んでいる場合は算入できる率が3.3％になります。

その年に貸し倒れが発生すれば、その貸倒引当金で弁済されることになります。その年に貸し倒れが発生しなければ、翌年に繰り越されます。

赤字を繰り越しできる

青色申告をしている人は、事業で赤字が出た場合、その赤字分を翌年以後3年間にわたって繰り越せます。青色申告でなければ、ある年に大きな赤字が出ても、翌年の確定申告はその赤字を無視してまったくゼロからのスタートになります。もし大赤字の翌年に大黒字が出た場合には、大黒字にまともに税金がかかってくることになるのです。

あえて白色申告をする意味は?

☑ 白色申告にもメリットがあります。
☑ 新規開業したばかりの人は白色申告をおすすめします。

白色申告でも記帳は必要

青色申告は、いくつもメリットがある一方で、記帳が大変で税務署から注がれる目も厳しいということを述べましたが、一方の白色申告はどうなのでしょう?

白色申告は、青色申告に比べると記帳の義務はゆるいです。しかし、白色申告ならまったく記帳をしなくていいというわけではありません。

国税庁のホームページによると、記帳は「売上げなどの総収入金額と仕入れその他必要経費に関する事項」となっており、また「記帳に当たっては、一つ一つの取引ごとではなく日々の合計金額をまとめて記載するなど、簡易な方法で記載してもよい」となっています。

白色申告者の記帳は、以前は年間の所得が300万円以上の個人事業者に限られていました。しかし、平成26（2014）年からは、すべての事業者が記帳をしなければならなくなりました。

また領収書などの証票類は、5年間保管しておかなければなりません。

ただし、どれとどれをとっておかなければならない、という指定はありません。白色申告でも経理に関する証票類は残しておきなさい、ということです。

青色申告に比べれば全然ラク

　白色申告でもある程度の記帳は必要なわけですが、それでも青色申告に比べれば格段に簡単です。

　白色申告の記帳は、誰にいくらの売上があって、いくらの経費を誰に払ったということを記載していればいいのです。事業をしている人なら、このくらいの記録は誰だって付けているはずです。白色申告は、会計初心者でも問題なく記帳と申告ができます。

　実際に、白色申告の事業者で税理士に依頼する人は少数派です。

 青色申告をするなら会社をつくったほうがいい

　税務署はもとより確定申告の解説本などでも必ずといっていいほど青色申告をすすめています。しかし、ここまで述べてきたように、青色申告の恩恵を受けるのは、会計初心者にはかなりシンドイものがあります。

　また、青色申告をするための労力は、会社の確定申告をする労力とそれほど変わりません。つまり青色申告をする会計力があれば、会社をつくっても大丈夫ということです。

　会社というのは、会社だけに認められている節税方法がたくさんあるので、やり方によっては個人事業で申告するよりも税金が安くなります。

　筆者は、もっとも賢い申告方法は、開業したばかりの人や会計に不慣れな人は白色申告をしておいて、事業が軌道に乗り、規模がある程度まで大きくなれば、青色申告ではなく会社組織にすることだと考えています。

　また個人事業者をしてから会社をつくった場合、消費税を４年間払わなくていいメリットがあります。**消費税の免除 ⇒ 172ページ**

　そういった面からも、無理に個人事業で青色申告をするのは得策ではないのです。

経費が
税金を大きく左右する

☑ 経費とは事業に関係する支出のこと。
☑ 経費の範囲は一般的に思われているより広いです。

経費の基準は？

　個人事業者の税金は、売上から必要経費を差し引いて算出します。この経費が税金に大きく影響します。個人事業者の税金の決め方 ⇒ 73ページ

　売上は相手があることですから恣意的に増減するのは難しいものがあります。

　しかし、経費は自分の意思で増減することが可能です。そして経費が多ければ税金は少なくなり、経費が少なければ税金は多くなるのです。

　経費というのは、事業の中で必要な支出のことです。

　一般的には、商品や材料の仕入代金、事務所の家賃、人件費、通信費、交通費などが思い浮かぶでしょう。

　しかし、個人事業者に認められている経費というのは、けっこう範囲が広いです。自宅家賃や光熱費、交際費、家族への給料なども場合によっては計上することができます。

　個人事業者の経費として認められるかどうかの基準は、ざっくりいうと、「事業に関係している支出かどうか」ということです。事業に関係している支出であれば、おおむね経費となるのです。

> 直接関係しているものでなくても、間接的に関係しているものも含まれるぞ。たとえば情報収集のための費用などがそうだ。

主な経費の種類

給料賃金	人を雇った場合に支払った給料や賃金
外注費	仕事の一部を業者に依頼したときの代金
減価償却費	固定資産を購入した際の減価償却費
地代家賃	建物や土地を借りたときの賃料
支払利子	事業のためにお金を借りたときの利子
旅費交通費	出勤、出張したときなどの交通費
通信費	事業で使う電話、ネットなどにかかった費用
接待交際費	接待交際にかかった費用
損害保険料	事業上での損害保険に加入したときの保険料
修繕費	事業に使う設備、機械などを修繕した費用
消耗品費	消耗品を購入した費用
福利厚生費	福利厚生にかかった費用
雑費	そのほかの雑多な費用

自宅の家賃はどのくらい経費にできる?

　事務所や店舗を構えずに自宅で仕事をしている個人事業者は大勢います。特にフリーランスで仕事をしているような人はそういう場合が多いようです。

　この場合の自宅の家賃なども経費に計上することができます。ただし、全額を計上することはできません。あくまで事業に関する部分のみです。

　原則としては、プライベートで使っている部分が何割あるか、事業で使っている部分が何割あるかを求めて家賃を割り振らなければいけません。これを「按分」といいます。

　ただ、仕事部屋と居室が分かれていればいいのですが、都会の狭い住居などでは、仕事部屋とプライベートの居室が兼用になっていることも多いはずです。

そういう場合は、だいたい家賃の6割程度の経費計上だったら普通は税務署から文句が出ません。ですから、もし仕事部屋とプライベートを明確に分けることができなければ、6割を目安に経費計上すればいい、ということになります。

　ただし、これは法律で規定されていることではなく、"常識の範囲内"での話になります。

　たとえば、高額家賃の広い部屋に住んでいて、仕事はその中の1室だけを使っているような場合は、家賃の6割も経費に入れてしまってはまずいです。仕事で使っている部分が何割なのか、按分して経費を計上すべきでしょう。

　逆に非常に狭い部屋に住んでいて、いつもその部屋で仕事をしている場合、仕事で使っているスペースは8割と計上しても文句は出ないでしょう。

　また、住む場所はあるのだけれど、仕事のためだけに別に部屋を借りてそこに居住して仕事をしている場合などは家賃の全額を経費に入れることができます。

🔑 家族に給料を払ってそれを経費にできる

　個人事業者は、家族に給料を払い、それを経費にすることができます。

　ただ、家族に給料を払う場合は一定の基準があります。まず、その業務の対価として適正でなければいけません。適正さを欠く著しく高い給料は税務署に認められないということです。

　個人事業者には「専従者控除」という支出が認められています。専従者控除とは、配偶者や親、子供などが、その事業の手伝いをしている場合、その人に払う給料を経費と認めるというものです。

　青色申告の場合は「青色事業専従者給与」といい、その労働の対価として適正と認められる限りは限度額がなく、専従者へ給料を出せます。

ただし給料支払いの対象となる家族は、事業者と生計を一^{いっ}にしていて、年齢が15歳以上となります。配偶者控除の対象となっている家族、扶養控除の対象となっている家族は、この給料支払いの対象とはなりません。**配偶者控除 ⇒ 26ページ　扶養控除 ⇒ 28ページ**

　また給料の額は、事前に届出書を出さなければいけません。払えるのは届出書に記載された範囲の額までであり、当初予想していたよりも儲かったからといって、届け出た以上の額を払って経費を膨らますようなことはできません。

　白色申告の場合は「事業専従者控除」といい、配偶者の場合は年間86万円まで、そのほかの親族の場合は年間50万円までが事業の経費にできます。

　ただし、事業所得を専従者の数に1を足した数で割った金額が上限となります。

　たとえば、事業専従者控除を差し引く前の事業所得が140万円で、専従者の数が1人だった場合、140万円÷2で70万円。このケースでは70万円が事業専従者控除の上限額になります。

　また事業者の配偶者控除の対象となっている人、扶養控除の対象となっている人は、この給料支払いの対象とはなりません。

白色申告の専従者控除

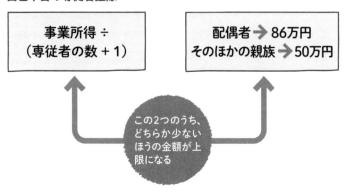

18 【接待交際費】

個人事業者は
交際費に制限なし

- ☑ 事業には接待交際費という経費が認められています。
- ☑ 会社には交際費の制限がありますが個人事業者には制限が
  ありません。

交際費とは？

　事業の経費の中には、「接待交際費（交際費）」というものがあります。その名のとおり仕事に関連した交際にかかる経費のことです。

　この交際費は、けっこう範囲が広く、取引先や得意先だけでなく部下や同僚との交際でも大丈夫ですし、少しでも仕事に関係する人とのものであればOKなのです。

　その人と一緒に飲食などをすることで仕事上有益な情報が得られる可能性があるのならば、それは十分に交際費に該当します。また事業を行っている人が、その社会的付き合いから、やむを得ず参加しなければならない会合などの費用も交際費になります。

個人事業者の交際費

　個人事業者の場合は、この交際費の制限がありません。

　会社（法人）は、原則として交際費は税務上の経費にはできません。資本金1億円超100億円以下の法人は、飲食にかかる交際費の半額しか経費に計上できず、資本金100億円を超える法人は、交際費をまったく経費に計上できないのです（資本金1億円以下の会社は800万円までの経費計上枠があります）。

　しかし、個人事業者にはそのような制限がありません。つまり、理屈の上では、個人事業者は交際費を無制限に使えるのです。

この点に気付いていない個人事業者はかなり多いです。制限がないわけですから営業が主体でいつも交際費がかさむ事業などでは、あえて法人化せずに個人事業を続けるという手もありかもしれません。

交際費は税務署ともめやすい？

　交際費という経費は、税務署と見解の相違が起きやすいものでもあります。税務署としては、私的な出費が交際費に含まれているのではないかと常に疑いの目を持っています。そしてあの手この手で交際費を否認してこようとします。ですから領収書、飲食の日時や場所、目的、相手方の記録などはきちんと残しておく必要があります。

　とはいえ、先ほど述べたように、交際費は少しでも仕事の役に立ちそうな交際であれば大丈夫なのです。ですから、納得できないときは税務署に対してしっかり主張しましょう。そして、税務署員の口車に乗らないようにしてください。

　日本は申告納税制度をとっているので、原則として納税者の申告内容は認められます。税務署側が、その交際費を否認するための明確な証拠を持っていない限り、否認することはできないのです。

　税務署は、「交際費が多すぎる」などと文句をいってくることもあります。しかし、交際費が多すぎるからといって否認できるものではありません。１つひとつの交際費が交際費の条件に該当しているのであれば、多すぎるから認められないなどということはあり得ません。

裏 個人事業者の脱税手口

　個人事業者の所得税は所得に対してかかってくるものです。売上を減らすか、経費を増やせば、所得は減り、税金も安くなります。ですから、所得税を逃れようと思えば、「売上を抜く」か「経費を水増しする」かになります。

　個人事業者の所得税などの脱税は、どんな手の込んだ脱税も、最

終的には、この2つの形態に入ります。

　売上を抜く脱税というのは、自分の得た収入を除外して、その分の税金を逃れるものです。これはもっともオーソドックスな脱税方法です。日々の売上の中から抜いていく方法、振込口座を替えて脱税する方法など種々の方法があります。

　経費を水増しする脱税は、「あるものを隠す」のではなく、「ないものをでっちあげる」ことをします。脱税のための工作が、より必要になってくるので、収入を隠す脱税よりも手が込んでいる場合が多いです。

　脱税者は、税務当局の目をあざむくために、領収書、請求書、見積書を偽造したりするなど"証拠書類"をそろえなくてはならないからです。経費を水増しする脱税は"証拠書類"が多く残るため、発覚しやすい脱税ともいえます。

（裏）税務署が使い分ける「実地調査」と「簡易な接触」

　税務署が行う個人事業者の所得税の調査には、税務署員が事業所に赴いて実地に調査をする「実地調査」（通常の税務調査）と、納税者に税務署に来てもらって所得を是正してもらう「簡易な接触」の2つの調査方法があります。**税務調査 ⇒ 234ページ**

「簡易な接触」というのは、税務調査を行うほど事業の規模が大きくないような納税者で、明らかに所得申告漏れが見込まれる人に対して、文書などで税務署への案内を出し、税務署内で修正指導を行うというものです。

　個人事業者の場合、会社と比べると帳票類を完備していない方が多く、また税務の知識も少ないため単純な申告誤りというケースが多いのです。

　個人事業者は、事業規模の差が非常に大きいので、効率的な調査をするために、大規模な事業者には実地調査、小規模な事業者には簡易な接触という2つの方法を使い分ける必要があるのです。

売上規模が大きくなると課税の可能性あり

☑ 事業税は一定の規模を持つ個人事業者にかかる税金です。
☑ 事業税が課せられる業種は70業種に限定されています。

事業税とは？

　個人事業者の所得には、所得税のほかに「事業税」が課せられます。

　事業税というのは、一定以上の規模で事業を行っている個人事業者に課せられる税金です。

　この事業税は個人事業者だけが対象で、法人（会社）で事業を行っている場合は法人事業税が課せられます。<small>法人事業税 ⇒ 94ページ</small>

　法人事業税が法人税とほぼ連動しているのに対し、個人の事業税は個人の所得税とは若干、仕組みが異なります。

　まず事業税は、90 〜 91ページの表に示した70の業種にしか課せられません。この表の中にない業種、たとえば筆者はライターをなりわいにしていますが、執筆業などは課税の対象外ということになります。

　税率は、業種によって3%、4%、5%の3段階になっています。

　また事業税には、「事業主控除」が290万円あります。売上から経費を差し引いた事業所得が、最低でも290万円以上にならないと課税されないということです。

事業税の申告は？

　住民税は所得税と連動しています。

　住民税の申告をしなくても所得税の確定申告をしていれば自動的

に住民税が課されます（所得税とは別に住民税の申告をしてもOKです）。**住民税 ⇒ 36ページ**

　事業税の場合もこれと同じで、所得税の確定申告を行っている場合は申告は必要ありません。

業種の選択によって課税されるかどうかが決まる

　事業税が課せられる業種というのは、あいまいな点があります。

　たとえば出版業は課税されることになっていますが、編集業は課税対象業種になっていません。

　またイラストレーターなどは、デザイン業であれば課税対象ですが、画家は課税対象業種になっていません。イラストレーターがデザイン業に該当するのか画家に該当するのか、いまのところ明確な線引きはありません。確定申告書の職業を書く欄に、事業税に該当する70業種以外の業種を記載していれば課税されない可能性が高いのです。

　ただし、これは厳密な線引きがされていないだけであって、70業種の中に入っていないからといって必ず課税されないわけではありません。

　また、確定申告書に対象外の業種を書いていても実態を調べられて課税業種に認定されてしまう可能性もあります。

事業税の管轄は都道府県だから税務署に比べればチェックの目はゆるいのだ！

事業税がかかる70業種

第1種事業（37業種）　　税率5%		
物品販売業	運送取扱業	料理店業
遊覧所業	保険業	船舶定係場業
飲食店業	商品取引業	金銭貸付業
倉庫業	周旋業	不動産売買業
物品貸付業	駐車場業	代理業
広告業	不動産貸付業	請負業
仲立業	興信所業	製造業
印刷業	問屋業	案内業
電気供給業	出版業	両替業
冠婚葬祭業	土石採取業	写真業
公衆浴場業 （むし風呂等）	電気通信事業	席貸業
演劇興行業	運送業	旅館業
遊技場業		

第2種事業（3業種）　　税率4%		
畜産業	水産業	薪炭製造業

第3種事業（30業種）　　税率5%		
医業	公証人業	設計監督者業
公衆浴場業 （銭湯）	歯科医業	弁理士業
不動産鑑定業	歯科衛生士業	薬剤師業
税理士業	デザイン業	歯科技工士業
獣医業	公認会計士業	諸芸師匠業
測量士業	弁護士業	計理士業
理容業	土地家屋調査士業	司法書士業
社会保険労務士業	美容業	海事代理士業
行政書士業	コンサルタント業	クリーニング業
印刷製版業	あんま・マッサージまたは指圧・はり・きゅう・柔道整復そのほかの医業に類する事業	
装蹄師業		

※あんま・マッサージまたは指圧・はり・きゅう・柔道整復そのほかの医業に類する
事業、装蹄師業は税率3%。

事業税の基本情報

💰 どういう税金？

　法定の70業種の事業を、一定以上の規模で行っている事業者の所得にかかる税金。

💰 誰が負担する？

　法定の70業種の事業を、一定以上の規模で行っている事業者。

💰 税率

第1種事業（37業種）	5%
第2種事業（3業種）	4%
第3種事業（30業種）	5%

※あんま・マッサージまたは指圧・はり・きゅう・柔道整復そのほかの医業に類する事業、装蹄師業は第3種事業だが税率は3%。

💰 税金の算出方法

　（売上 − 経費 − 各種控除額）× 税率

※事業主控除は290万円。

💰 納付方法

　都道府県税事務所から送付される納税通知により納付します。

💰 国税or地方税？

　地方税（都道府県民税）

💰 窓口

　都道府県税事務所

💰 直接税or間接税？

　直接税

chapter 5

やっぱり会社にするのがお得？
会社の税金

会社に直接かかる税金は 6つ

- ☑ 会社とは法人登記をしている事業者のことです。
- ☑ 法人登記しているかどうかで税金はまったく違ってきます。

会社の定義

　本章では会社に課せられる税金をご紹介します。まず会社というものの定義を簡単にご説明しましょう。

　「事業をする者」には、個人事業者と法人(会社)の2つの形態があります。

　両者の違いは、法人登記をしているかどうかだけです。同じような事業を行っていても、法人登記をしていれば法人(会社)ということになり、法人登記をしていなければ個人事業ということになります。

　この両者は、法人登記をしているかどうかだけの違いなのですが、法律上の取り扱いはまったく違ってきます。特に税法上は大きな違いがあります。個人事業者は「所得税」「住民税」などが課せられますが、法人(会社)は「法人税」「法人事業税」などが課せられます。

　会社には、いろいろな税金がかかってきます。法人税や法人事業税など会社が「直接納付している税金」のほかにも、消費税や源泉徴収した税金分を納める源泉徴収税など、会社が「間接的に納付している税金」もあります。消費税 ⇒ 160ページ

　会社が直接納付している税金は、法人税(国税)、地方法人税(国税)、法人事業税、地方法人特別税、法人住民税(法人都道府県民税)、法人住民税(法人市区町村民税)の6つです。

会社にかかる税金の額は、2つの方法で決まります。

1つは利益に応じて税率が課せられる方法。もう1つは規模に応じて一定の額が課せられる方法です。後者を「均等割」といいます。

均等割は、利益が出ても出なくても必ず払わなくてはならないものです。この均等割は、もっとも規模の小さな会社（資本金が1,000万円以下、従業員が50人以下の会社）であっても最低7万円はかかります。

会社に直接かかる税金

税金の種類	管轄官庁	税額
法人税 （資本金1億円以下の会社）	税務署	利益800万円以下の部分 **利益 × 15.0%** 利益800万円超の部分 **利益 × 23.2%**
法人税（資本金1億円超の会社）	税務署	**利益 × 23.2%**
地方法人税	税務署	**法人税 × 4.4%**
法人事業税	都道府県	利益400万円以下の部分 **利益 × 3.4%** 利益400万円超の部分 **利益 × 5.1%** 利益800万円超の部分 **利益 × 6.7%**
地方法人特別税	都道府県	**法人事業税の43.2%**
法人都道府県民税	都道府県	**法人税 × 1.0% ＋ 均等割**※
法人市区町村民税	市区町村	**法人税 × 6.0% ＋ 均等割**※

※法人都道府県民税の均等割は従業員、資本金の規模に応じて2万円から80万円まで。

※法人市区町村民税の均等割は従業員、資本金の規模に応じて5万円から300万円まで。

法人税は
会社の税金の中心

- ☑ 法人税は会社の税金の中で一番大きいものです。
- ☑ 個人事業者にとっての所得税のようなものと考えてください。

法人税ですべての税金が決まる

会社の税金は、法人税が一番大きく、ほかの税金は法人税と連動するようになっています。

法人事業税と地方法人特別税は、法人税で算出された利益を基準にして算定しますし、地方法人税、法人都道府県民税、法人市区町村民税は、法人税額を基準に算定します。

会社の税金の基準は法人税であり、法人税が確定すればほかの税金も決まるようになっているのです。個人事業者の所得税のようなものです。

本章では法人税を中心にご説明します。

法人税は法人所得に課せられる税金

法人税は、会社の所得に課せられます。所得というのは、事業の「利益」に当たるものです。利益は、基本的に「 売上 － 必要経費 」で算出されます。

ですから利益が出ていない会社には、法人税は課せられないことになります。この点も個人事業者の所得税と似ていますね。**個人事業者の所得税 ⇒ 13ページ**

実は日本の会社全体の約7割は利益が出ていません。ですので日本の会社のうち7割の会社は法人税を払っていないのです。

法人税の基本情報

どういう税金？

会社の利益に対してかかる税金。

誰が負担する？

会社（法人）。

税率

資本金1億円以下の会社

利益800万円以下の部分　　利益 × 15.0%（※19.0%）

利益800万円超の部分　　　利益 × 23.2%

※適用除外事業者（その事業年度開始の日前3年以内に終了した各事業年度の所得金額の年平均額が15億円を超える法人）に該当する法人の年800万円以下の部分については、19%の税率が適用されます。

資本金1億円超の会社

利益 × 23.2%

税金の算出方法

会社の利益 × 税率

納付方法

会社が税務署に直接納付します。

国税or地方税？

国税

窓口

税務署

直接税or間接税？

直接税

「個人事業者の所得税」と 「法人税」の違い

- ☑ 個人事業者の所得税と法人税は仕組みは似ていますが、取り扱いは大きく異なる面があります。
- ☑ 会社の経営者、役員は会社に利益が出ても報酬を増やすことはできません。

「経営者であっても会社から雇われている」建前

個人事業者の所得税と法人税は仕組みがよく似ていると前述しましたが、両者には大きく異なる点も多々あります。

その最たるものは、会社では、経営者といえども会社から雇われている形になっていることです。

「株主」「会社」「経営者」というのは、同一の人が行っていたとしても法律の上では別のものとして取り扱われます。

自分が株主で自分が経営している会社であっても、「株主」「会社」「経営者」というのはまったく別のものという建前があるのです。

株主が資金を出して会社をつくり、会社は経営者を雇って経営させるということです。

そして経営者の報酬というのは、会社の利益とは関係なく、会社から決まった額が支払われることになります。

利益が出たからといって、経営者にその分を出すと会社の利益として課税されてしまうのです。

この点が個人事業者と大きく違うところです。

個人事業者の場合は、事業の利益はすなわち個人の所得ということになります。しかし会社の場合は、会社の利益はあくまで会社のものであり、経営者の報酬とは別のものとして取り扱われるのです。

会社の経営者や役員の報酬は、原則として会社の経費で支払われることになります。

　そして、その報酬はあらかじめ決められた額しか出すことができません。経営者や役員の報酬は、株主総会などであらかじめ決められて、それ以上の額を出すことは原則としてできないのです。

　つまり、会社の経営者や役員は会社が儲かったからといって、自分の報酬が増えることはありません。

　会社に利益が出たときにボーナスとして経営者に報酬が支払われることもありますが、原則としてそれは法人税法上、損金経理（経費計上）ができません。

　つまり、経営者や役員のボーナスは、会社に利益が出て税金も払った後、その残額から支払われるという形になるのです。

　会社の利益というのは、経営者のものではなく、株主のものという建前になっています。経営者が勝手に自分のものにするわけにはいかないのです。

個人事業者の場合の個人の収入

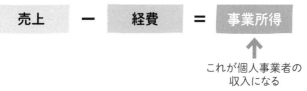

これが個人事業者の
収入になる

会社の場合の経営者の収入

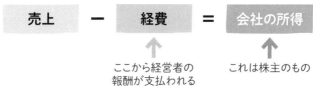

ここから経営者の
報酬が支払われる

これは株主のもの

☺ オーナー社長は税金を3回払う

　株主と経営者が同一という会社もたくさんあります。いわゆる
オーナー企業、オーナー社長ですね。

　このオーナー社長の場合も、経営者としての報酬は会社の経費か
ら支払われ、株主には会社の利益から配当という形で支払われま
す。

　そして経営者は、その報酬に対して個人としての所得税や住民税
などが課せられ、株主への配当にも配当所得に対する所得税や住民
税が課せられます。配当所得 ⇒ 18ページ

　ですからオーナー社長の場合は、報酬に対する税金と配当に対す
る税金が別個にかかってくるということです。

　つまり、オーナー社長の立場から見れば、会社の利益に税金が課
せられ、自分の報酬にも税金が課せられ、その上、株の配当金にも
税金が課せられるということになります。

オーナー社長（株主兼経営者）から見た会社関係の税金

会社の利益	法人税、法人住民税などがかかる
自分の報酬	所得税、住民税がかかる
株式の配当	所得税がかかる(非上場の場合、住民税はかからない)

☺ 会社と個人事業者の税務の違い

　そのほかにも、会社と個人事業者では、税務の面で異なる点があ
ります。

　たとえば、会社には「福利厚生費」という経費が大幅に認められ
ています。

　福利厚生費というのは、文字どおり社員の福利厚生にかかる費用
です。福利厚生費は個人事業者にもありますが、個人事業者の場合

は、従業員への福利厚生は認められるものの、事業者自身や家族従業員の福利厚生に関しては、生活費との区別が難しいことから、広範囲には認められていません。

しかし、会社の場合は、経営者自身に対する福利厚生であっても、ほかの従業員と同じように認められます。**会社の福利厚生費 ⇒ 109ページ**

また個人事業者の場合は、家族を従業員にすると、その家族の分の配偶者控除、扶養控除が受けられないなどの制約がありますが、会社の場合はそういう制約もなく家族を従業員にすることができます。**個人事業者が家族に給料を払う ⇒ 83ページ**

個人事業の場合、専従者控除を受けたら、配偶者控除（26ページ）か扶養控除（28ページ）を受けていた人はそれが受けられなくなる。国はケチやのう。

そして会社と個人事業者の税務面での最大の違いは、税務会計における厳しさだといえます。

会社の場合は、会計について商法や有価証券取引法（金融商品取引法）などさまざまな法律で定められており、厳しい基準があります。会社を運営していくには、その基準をクリアした会計処理を行なわなければなりません。

個人事業者の場合、青色申告をする際にはそれなりの会計基準をクリアしなければなりませんが、会社に比べればかなりゆるいといってしまって差しつかえありません。**個人事業者の青色申告の条件 ⇒ 76ページ**

会社をつくれば それだけで税金が安くなる?

☑ 会社をつくって節税になるケースとならないケースがあります。
☑ 事業規模が小さければ会社をつくってもあまり意味はありません。

会社をつくることのメリットとデメリット

　起業に関する本などでは、よく「事業を会社組織にすれば税金が安くなる」ということが書かれています。

　確かに、会社と個人事業者を比べれば、会社のほうがたくさんの節税方法があります。会社は個人事業よりも多様な経費の計上が認められているからです。

　しかし、だからといって会社のほうが税金面で絶対に有利かといえば決してそうではありません。

　100ページで述べたように、オーナー社長は、「会社の利益」「自分の報酬」「株式の配当」と3回にわたって税金が課せられます。個人事業者の場合は、事業所得に税金が課せられるだけなので、単純に見れば会社のほうが税金が高くなります。

　会社をつくって税金を安くするためには、さまざまな節税方法を駆使することが必要です。そしてさまざまな節税方法を使うには、それなりの知識と手間が必要になります。

　上手に利益の調整ができれば、「会社をつくると税金が安くなる」となりますし、調整に失敗すれば、「会社をつくったら逆に税金が高くなった」となってしまうのです。

　会社の場合、会社を設立し運営するだけでもいろいろな経費がかかります。

　登記費用などもかかりますし、94ページで述べたように会社に

は個人事業者よりもたくさんの税目が課せられます。

　会社の税金の中には、収益の多寡にかかわらず払わなければならない「均等割」もあります。会社というのは、個人事業よりも「固定費」がかかるのです。

　しかも会社の経理や税務は、なかなか経営者が全部自分でやることはできません。

　税理士などに依頼することになり、もちろんそれには費用がかかります。ある程度、事業の規模が大きくないと、元はとれないことになります。

　総じていえば、会社をつくって税金を安くするためには、

> ☀ 節税のための手間をかけられること
> ☀ それなりの事業規模があること

が求められるといえます。

会社をつくって意味があるのはどのへんのライン？

　では事業の規模がどのくらいならば会社をつくって節税になるのかというと、ざっくり売上が1,000万円程度といえます。

　事業分野によって事情が異なるので一概にはいえませんが、売上が1,000万円を超えていなければ、会社をつくっても講じられる節税方法は限られているので、ほとんど意味はないでしょう。

　また売上が1,000万円を超えても、所得（利益）があまり出ていないのであればこれも意味がありません。会社をつくって維持するにはそれなりの費用がかかるので、それをペイできるほどの節税額を出せることが必要になるからです。

chapter

5

会社の税金

法人税の脱税の特徴

　法人税の脱税は、基本的に個人事業者の所得税の脱税と同じように、売上を減らす、あるいは経費を増やすという方法がとられます。**脱税手口 ⇒ 86ページ**

　ただし個人事業者の所得税とは少し違う部分もあります。会社というのは、さまざまな要件を満たし、法人登記をしなければなりません。そのため、どんな小さな会社であっても、一応書類の上ではちゃんとしているという建前があります。

　また法人税の税務申告は、ほかの税目に比べて非常に複雑です。会社はすべからく複雑な申告書を作成しなければならないので、経理や記帳の能力がある程度なければなりません。

　そのため、法人税の脱税というのは手の込んだものが多くなります。税務署の調査官も、法人税調査の場合は理論武装が必須です。法人税担当調査官は、ほかの税目の担当調査官に比べて、より高度な知識が求められます。

海外に向かう法人税の脱税

　法人税の脱税で、近年特徴的なのは海外取引を使った脱税です。日本企業の海外進出を反映して、脱税も海外取引を介したものが多くなっているのです。

　たとえば、外国の法人に外注費を払ったなどとして架空の経費を計上します。海外取引の場合、国内取引よりもはるかに調査が難しくなります。

　また、国税庁のシステムもまだまだ海外取引に対して整っていないため、税務当局にとって海外取引の脱税対策は懸案事項です。マスコミでは海外取引を使った脱税事件などがよく報じられますが、それらは氷山の一角に過ぎません。

会社だと思い切った節税ができる

☑ 家族を社員にすることで所得を分散できます。
☑ 所得控除が受けられない、ボーナスを出すと課税されるなどの制約もありません。

家族を社員にするのは節税のセオリー

　会社は、個人事業者よりも節税の幅が広いです。その最たるものが家族への給料です。

　個人事業者も家族を従業員にして給料を払うことができますが、白色申告の場合は額が限られ、青色申告の場合は配偶者控除、扶養控除が受けられないなど、いろいろと制約があります。

　しかし会社なら、経営者の家族であっても、ほかの役員や社員と同様に給料を出すことができます。

　家族や親族を会社に入れることは、信頼できる社員を会社に迎え入れるということですから、オーナー社長がそうすることは非常にオーソドックスな節税方法です。

　上場企業などでも創業者一族が会社に入って経営に携わっていることはよくありますが、特に小さな会社の場合は絶大な節税効果が得られます。

　日本の所得税は累進課税で、所得が大きい人のほうが税率が高くなる仕組みになっています。給料を家族に払い所得を分散したほうが、全体の税金を安くすることができるのです。

　芸能人が売れ始めると会社をつくり、自分の家族を役員に据えることがよくありますが、それは節税のためでもあるのです。

chapter **5** 会社の税金

家族従業員にはボーナスも出せる

家族を社員にした場合、その家族従業員にはボーナスを出すこともできます。

会社の経営者や役員がボーナスをもらうと、損金経理（経費計上）ができないため法人税がかかります。

会社に利益が出たからといって、おいそれと報酬を増額するわけにはいかないのです。

しかし、家族従業員の場合は、家族でない普通の従業員と同様にボーナスを支給することができます。会社に利益が出た年は、決算期前などに家族従業員にボーナスを出し、会社の法人税を減らすという方法が使えるのです。

家族を従業員として雇うときの注意点

自分の家族を会社の役員や社員にすると、税務署から文句をいわれないかと心配な人もいるでしょう。

何も働いていないのに高額な報酬を家族に出したりしていれば税務署も指摘します。

しかし、従業員として給料をもらう条件をクリアしていれば、税務署もそうそう指摘はできません。

その条件とは次の2つです。

☀ ちゃんと仕事をしている実態があること
☀ 給料の額が妥当であること

妥当な給料の額というのは、その仕事を第三者に依頼したときにどのくらいの給料を払わなくてはならないかを考えればおのずと出てきます。

たとえば、ちょっとした雑用であっても、それを他人にしてもら

うためには、それなりの給料を払わなくてはなりません。その給料が妥当な額ということになります。

それと同程度の給料であれば税務署は何もいえませんし、また世間並みよりも若干待遇がいいくらいならば同じく文句は出てきません。そういう会社はいくらでもあります。

経営者の配偶者は経営者と同じとみなされる?

ただし、経営者の配偶者を従業員にする場合は注意が必要です。

というのも、経営者の配偶者は普通の従業員として雇用されていても、条件によっては経営者と同等にみなされ、ボーナスなどを支払えないことがあるからです。

これを「みなし役員」といいます。社員でもあっても役員とみなす、という意味です。

この「みなし役員」になる条件は次のとおりです。

その社員が経営に関与し、次の3つの条件にすべて当てはまること

1. その社員の持ち株割合が5%を超えていること

2. その社員の同族グループ（血族6親等、姻族3親等以内）で持ち株割合が10%を超えていること

3. 同族グループ3位までの持ち株割合が50%を超えていること

これらの条件のうち「経営に関与している」かどうかについては、具体的な線引きはありません。

税務当局では、だいたい「経理をしていればアウト」というような考え方をしています。つまり、配偶者が経理をしているのなら、会社の経営に携わっている（＝みなし役員）と考えるということです。

常勤していない家族に給料を払う方法もあります。

それは家族を「非常勤役員」にすることです。

非常勤役員は、その名のとおり常勤しない役員のことで、経営に関する助言をしたり、いざというときの交渉役などを担ったりします。

非常勤役員は、毎日出社する必要はありませんので、これといった業務をしていなくても大丈夫です。ですから、家族を非常勤役員にするための条件は、普通の役員や従業員よりもかなりハードルが低いといえます。

税法の上で非常勤役員の資格や業務内容についてこれといった定めはない。会社が必要だと思う業務をすればいいのだ。

ただし、非常勤とはいっても、家族を従業員にしたときと同様、まったく会社の業務に関与していないのであれば、税務署からとがめられることもあります。逆にいえば、時折、会社に顔を出して会議などに参加していれば、税務署がそれを否認するのは難しいです。

大企業などでも、ほとんどの非常勤役員はそうした仕事しかしていません。大企業では、タレントや有名スポーツ選手が形ばかりの非常勤役員になっているケースも多々あります。税務署が非常勤役員を「仕事をしていない」として否認するのは、家族従業員を否認することよりも難しいといえます。

福利厚生費を
使いこなさないと絶対に損

- ☑ 福利厚生費は会社にとって重要な節税アイテムです。
- ☑ 福利厚生費はうまく使えば税金の調整弁になります。

👁 福利厚生費の範囲はかなり広い

　会社の税務が個人事業の税務と大きく違う点に「福利厚生費」があります。

　100ページで述べたように、個人事業者にも福利厚生費は認められていますが、公私混同を防ぐために制約があります。

　しかし、会社の場合は、経営者でもほかの社員と同様に福利厚生を受けられます。これを活用すればよりダイナミックに節税ができます。

　福利厚生費というのは、従業員の福利厚生などにかける費用です。健康増進に関する費用、衣食住の補助、娯楽費の補助など多岐にわたります。

　そして、従業員が経営者1人しかいない小さな会社であっても、あるいは経営者とその家族だけでやっている会社であっても、福利厚生費を使うことができます。つまり、福利厚生を充実させることによって、会社のお金を使って経営者や家族の生活を充実させることができるのです。

　具体的にいえば、人間ドックなどの健康増進費用、病気の際の入院費の補助、冠婚葬祭時の慶弔費、アパート、マンションなどの住居費の補助、スポーツジムの会費、観劇やスポーツ観戦などのレジャー費の補助、そのほか家族旅行の補助なども一定の条件をクリアすればOKです。

chapter **5** 会社の税金

また、夜食代や昼食代の補助にも適用されます。役員や社員の衣食住の大半は、福利厚生費で賄えるといっても過言ではありません。

　福利厚生費は1年間にいくらまで、という制約はありませんし、経費ですから増やすことも減らすことも簡単にできます。儲かったときにはたくさん福利厚生費を使い、儲からなかったときには減らすことで税金の調整弁となりうるのです。

どのあたりまで認められる？

　福利厚生費というのは、明確に範囲が決められているわけではなく、税法では、

「世間一般で福利厚生として認められる範囲」

「経済的な恩恵が著しく高くない事」

ということになっています。

　ありていにいえば大企業や官庁で取り入れられている福利厚生ならば、まず大丈夫です。スポーツ観戦や観劇なども、その範囲内と考えていいでしょう。プロ野球のチケットを福利厚生として配布する大企業などは多いですからね。また役所の福利厚生では観劇なども含まれるので、コンサートも大丈夫でしょう。

　ただし、一部の社員だけが享受できるものではダメです。福利厚生は、「希望すれば誰でも享受できる仕組み」になっていなければならないのです。

　また、レジャーのチケットなどは、会社が手配し、それを役員や社員に配布するという形をとらなくてはいけません。役員や社員が自分で購入し、会社はその代金を後から支給する形や、会社がお金だけを出す形はNGです。

　もしそういう形であれば、役員や社員に対する給料（報酬）という扱いになり、役員と社員はその分の所得税と住民税を課税されます。

会社の「借り上げ住宅」という仕組み

福利厚生費の中で、もっとも大きいのは「住居費」だといえます。一定の条件をクリアしていれば、経営者や役員、社員の住居費を会社が出すこともできるのです。

その方法は、役員や社員が住んでいる家（部屋）を会社の借り上げにして、社宅として役員や社員に貸すというものです。そして役員や社員は一定の金額を会社に払います。

この方法は、単なる「家賃の補助」ではダメです。あくまで会社が直接借りて、そこに社員が住む、という形をとらなければいけません。

 借り上げをした会社にどれくらい払えばいい？

社員の場合

> **1.** その年度の建物の固定資産税の課税標準額 × 0.2%
> **2.** 12円 × その建物の総床面積の坪数
> **3.** その年度の敷地の固定資産税の課税標準額 × 0.22%

1. 2. 3. の3つの計算式で出た金額を合計した額の「半額以上」を社員が払っていればOKです。

役員の場合

小規模住宅（木造132㎡以下、木造以外99㎡以下）の場合

> **1.** その年度の建物の固定資産税の課税標準額 × 0.2%
> **2.** 12円 × その建物の総床面積の坪数
> **3.** その年度の敷地の固定資産税の課税標準額 × 0.22%

1. 2. 3. の3つの計算式で出た金額を合計した額を役員が払っていればOKです。

一般住宅（小規模住宅以外）の場合

自社所有の社宅の場合は、次の**1.** と**2.** の合計額の $\frac{1}{12}$ を役員が払っていればOKです。

---

1. その年度の建物の固定資産税の課税標準額 × 12%

※法定耐用年数が30年を超える建物の場合には12%ではなく、10%をかけます。

2. その年度の敷地の固定資産税の課税標準額 × 6%

ほかから借り受けた住宅などを貸与する場合は、会社が家主に支払う家賃の50%の金額と、上記の「自社所有の社宅の場合」で算出した賃貸料相当額とのいずれか多い金額を役員が払っていればOKです。

ただし床面積が240㎡を超え、プールなどのぜいたくな施設がある「豪華住宅」の場合は、役員は家賃を全額支払わなければなりません。

> 社員にとって給料を現金でもらうより家賃を肩代わりしてもらったほうが税金や社会保険料の節減になる。会社も社会保険料などを圧縮できるのでこれを使わない手はない！

役員、社員の食事代が会社の経費で落とせる

福利厚生費の中で住居費の次に大きいのが食事代です。

福利厚生費では、一定の条件を満たせば役員や社員の食事代を支出することができます。

もちろん、役員や社員にとっても給料としての扱いにはなりません。ですから、会社にも、役員、社員にも、税金がかからないのです。これをうまく使えば、事実上、役員、社員の生活費を無税で支給できることになります。

福利厚生費から食事代を支給する条件は、それが昼食か夜食かによって変わってきます。

お昼代は月3,500円まで

昼食代は一定の条件を満たせば、月3,500円まで会社が福利厚生費として支出できます。

一定の条件とは次の3つです。

- ☀ 従業員が1食あたり半額以上払うこと
- ☀ 月3,500円以内であること
- ☀ 食事を会社が用意するか、会社を通じて仕出しや出前をとること

夜食なら上限なしで経費になる

夜食の場合は、昼食よりもはるかに支出できる額が大きくなります。夜食代を会社が負担した場合、全額を福利厚生費として支出できるのです。

ただし、夜食の場合もあくまで会社が支給したという形をとらなくてはいけません。会社が自前でつくるか、会社が仕出しや出前を

とって、それを社員に提供します。

　夜間勤務の場合は、出前などをとらなくても、食事1回あたり300円までは、現金での支給が福利厚生費になります。

「何時からが夜食になるのか」という規定はありません。常識の範囲内での「夜食」であれば大丈夫ということです。

　つまり、残業が当たり前の会社では「夕食代を福利厚生費から出す」ことができるのです。

1人社長の会社でも家族経営の会社でもOK

　この福利厚生費から食事代を賄うことには、社員の人数などの制限があるものではありません。少人数の会社は不可というような決まりはないのです。

　ですから、経営者が1人でやっている会社、夫婦や家族だけでやっている会社にも適用できます。

　たとえば、家族経営の会社で、社員である家族はみな、毎日夜遅くまで働いているとします。経営者の妻が、近所のスーパーで食材を買ってきて夜食をつくり、それを社員に支給します。

　この夜食代は、全額、会社の経費から出すことができるというわけです。

実は意外と身近にあるのが
相続税

どのくらい遺産があると
相続税が発生する?

☑ 相続税はちょっとしたお金持ちにもかかってくるようになっています。
☑ まずは基礎控除について理解してください。

3,600万円以上の遺産で相続税がかかる可能性

「相続税」は、ご存じのとおり遺産を相続したときにかかってくる税金です。

相続税というと「資産家の税金」というイメージがありますが、実態は決して資産家だけの税金ではありません。ちょっとした小金持ちにもかかってくる場合があるのです。

平成27（2015）年の税制改正により、3,600万円以上の遺産があれば、相続税がかかる可能性が出てくるようになりました。

遺産が3,600万円を超えれば誰でもすぐに相続税がかかってくるわけではありませんが、おおまかに5,000万円から1億円の遺産があれば課税される可能性が高くなります。

都心近くに普通の家、普通のマンションを持っていれば、普通に相続税がかかることになります。

また若い人でも、ちょっと高めの生命保険に加入していれば、保険金がおりる事態となってしまったときに相続税がかかってくる可能性があります。

相続税でもっとも大切な基本は「基礎控除」

相続税は、まず遺産全体の額を計算します。預金、証券、不動産など、原則として金目のものはすべてです。

遺産全体の額によって相続税がかかるかどうかが決まります。こ

の遺産全体の額が、基礎控除の額を超えていれば相続税がかかり、超えていなければかからないことになります。

基礎控除の額 ＝ （600万円 × 法定相続人 ＋ 3,000万円）

ですから、相続税で最初に理解しなければならないのが「基礎控除」となります。

相続税では、さまざまな控除があり、基礎控除はその中で一番基本的なものです。

法定相続人が1人だった場合でも600万円の控除が受けられますから、基礎控除は最低でも、600万円＋3,000万円の3,600万円となります。

3,600万円以上の遺産がなければ相続税がかからないのは、こういうことです。法定相続人 ⇒ 125ページ

また法定相続人が1人ということは、あまりありません。だいたい3～4人はいるものです。法定相続人が4人であれば基礎控除の額は次のようになりますね。

（600万円 × 4人 ＋ 3,000万円） ＝ 5,400万円

このように基礎控除は、法定相続人の人数によって決まります。ですから、相続が発生した時点で、基礎控除の額は確定しているのです。

相続税の基礎控除の計算

600万円 × 法定相続人 ＋ 3,000万円 ＝ 基礎控除額

遺産がこれを超えれば
相続税がかかってくる
可能性がある

🏮 どういう税金？

一定額以上の遺産を受けとったときにかかる税金。

🏮 誰が負担する？

一定額以上の遺産を受けとった遺族。

🏮 税率

相続税の課税標準の額	税率	控除額
1,000万円以下	10%	—
3,000万円以下	15%	50万円
5,000万円以下	20%	200万円
1億円以下	30%	700万円
2億円以下	40%	1,700万円
3億円以下	45%	2,700万円
6億円以下	50%	4,200万円
6億円超	55%	7,200万円

相続税が55%かかるのは遺産を
6億円超もらった人です。数千万
円の遺産ならば20%前後しかか
かりません。無理な相続税対策
をすることはないのです。

税金の算出方法

相続税の課税対象となる遺産の総額を算出する

⬇

いったん法定相続割合に応じて分配したものとみなして
各相続人の税額を計算する

⬇

各相続人の税額を合算し、遺族全体の相続税を算出する

⬇

算出された相続税額を実際の分配に応じて
各相続人に分担させる

納付方法

法定相続人全体で申告し納付します。

国税or地方税？

国税

窓口

税務署

直接税or間接税？

直接税

基礎控除額以上の遺産が
あれば、税金が発生しなく
ても申告の義務が生じます。
この点は注意してください。

相続税は
2段階で計算する

☑ 相続税は、実際に受けとった遺産に応じて各相続人が負担します。
☑ 相続税の計算は少し複雑です。

相続税はもらった遺産に応じて払う

遺産が基礎控除を超えて相続税課税となった場合には、遺産全体の額からさまざまな控除を差し引きます。そうして残った額が、「課税対象となる相続財産」になります。

しかし、相続税は、この「課税対象となる相続財産」にそのまま税率をかけるわけではありません。

相続税は、「遺族全体にいくら」というふうに課されるのではなく、遺産を受けとった人それぞれが受けとった額に応じて課されるものです。

ですから、たくさん遺産をもらった人がたくさん納付することになります。もし何人兄弟かの長男が遺産を全部引き継いだ場合には、相続税はその長男が全部払うことになります。

法定相続割合で計算してから実際の分配割合で求めなおす

相続税の計算の過程は、少しややこしいです。

課税対象となる遺産の総額を算出した後、いったん、「法定相続割合によって遺族に分配した場合の相続税額」を算出します。

法定相続割合というのは、民法によって定められた遺産の分配率です。この法定相続割合で分配したと仮定して、遺族各人の相続税額と遺族全体の相続税額を出します。

そうして算出された相続税額を、今度は「実際に遺産を分配した

割合」に応じて各人が負担することになります。

　つまり、いったん法定相続割合で遺族全体の相続税額を算出し、その相続税額をさらに実際の遺産の分配に応じて配分しなおすという2段階の計算が必要になるのです。

　こうして遺族各人の相続税の負担額が決まるのですが、各人にはさらにそれぞれの控除があります。たとえば、未成年の子供には未成年者の控除があり、配偶者には配偶者の控除があります。**未成年者控除 ⇒ 131ページ　配偶者控除 ⇒ 130ページ** 最終的に、その控除を差し引いた残額を相続税として納付することになります。

相続税の課税の仕組み

相続した遺産 ― 基礎控除 ― さまざまな控除

= 相続税の課税対象となる遺産

いったん遺族ごとの法定相続割合に応じて分配する

分配された課税対象となる遺産に相続税の税率をかけて
各人の相続税額を算出する

その相続税額を合算し、遺族全体の相続税額を算出する

遺族全体の相続税額を、実際に遺産を分配した割合に応じて
各人に分担させる

各人の相続税額から各人の控除額を差し引く

各人が相続税を納付する

現金を隠し持っていても
相続税は逃れられない

☑ 故人が残した資産は、現金も含めてすべて相続税の対象に
　なります。
☑ 相続税の評価額は原則として時価になります。

金目のものすべて＋時価で計算

　相続税は、基本的に故人が残した「金銭的価値のある資産」はすべて課税の対象になるとされています。

　相続財産としてすぐに思い浮かぶのは預貯金、株券などの有価証券、金融商品、不動産などでしょうが、それだけでなく、絵画や骨とう品やアクセサリーなど、お金に換算されるものはすべて対象になります。

　そして、その資産はすべて、故人が死亡したときの「時価」が相続税の対象額となることになっています。

　ですから、絵画や骨とう品の類では、まったく値が付かないようなものは対象にはなりません。また原則として相続が生じたときの時価が対象ということで、相続時には高かった株が申告時にはかなり値下がりしていたとしても、あくまで相続時の時価で申告することになります。

相続税がかからない資産は？

　一方で、遺産の中には相続税がかからないものもあります。

　国税庁のサイトには、相続税が非課税になる資産として次のようなものが挙げられています。

国税庁のサイトに掲載されている主な非課税資産

1. 墓地や墓石、仏壇、仏具、神を祭る道具など日常礼拝をしている物（骨とう的価値があるなど投資の対象となるものや商品として所有しているものは相続税がかかります）

2. 宗教、慈善、学術、その他公益を目的とする事業を行う一定の個人などが相続や遺贈によって取得した財産で公益を目的とする事業に使われることが確実なもの

3. 地方公共団体の条例によって、精神や身体に障害のある人又はその人を扶養する人が取得する心身障害者共済制度に基づいて支給される給付金を受ける権利

4. 相続によって取得したとみなされる生命保険金のうち500万円に法定相続人の数を掛けた金額までの部分

5. 相続によって取得したとみなされる退職手当金等のうち500万円に法定相続人の数を掛けた金額までの部分

6. 個人で経営している幼稚園の事業に使われていた財産で一定の要件を満たすもの（相続人のいずれかが引き続きその幼稚園を経営することが条件となります）

7. 相続や遺贈によって取得した財産で相続税の申告期限までに国又は地方公共団体や公益を目的とする事業を行う特定の法人に寄附したもの、あるいは、相続や遺贈によって取得した金銭で、相続税の申告期限までに特定の公益信託の信託財産とするために支出したもの

死亡前後に口座から引き出してもダメ

相続税が課せられる資産の中には、当然「現金」も含まれます。

しかし「資産を現金で持っておけば相続税を逃れられる」という都市伝説があります。「預貯金や有価証券なら金融機関に記録があるから税務署に見つかってしまうが、現金なら税務署にもわからない

だろう」というものです。

　家庭にある小銭程度のお金までは把握できないのはもちろん、まあ数百万円くらいまでは税務署も正確な数字を把握することは難しいでしょう。

　しかし、数百万円程度のタンス預金では相続税自体にあまり影響がありません。相続税に影響する数千万、数億という単位で現金を隠し持っている人は、生前に多額の収入があったはずです。税務署は、多額のお金を稼いでいる人に関してリストをつくっています。その人たちが亡くなったときに、申告された遺産の額が適正かどうかを必ず確認するのです。

　預貯金は相続税の対象になってしまうからといって、その人が死亡する前後に多額のお金を引き出しても、そのお金は当然、相続税の対象になります。

　税務署は、預貯金の口座について、その詳細をチェックすることができます。特に死亡前後の口座のお金の出し入れのチェックは欠かしません。死亡前であっても引き出されたお金は、相続税の対象になることがほとんどです。対象にならないのは、医療費、葬儀費用、墓石などに使われたお金くらいです。

　また故人が資産家の場合、相続税の対象となる資産には、故人名義ではなく家族名義の預貯金口座のお金も含まれることがあります。

　資産家は、自分のお金を家族名義の口座に預けるようなことが多々あります。しかし、名義が誰であっても、相続税では「実際にその口座の通帳を持っている人は誰か」「誰のお金が入っているのか」ということが問われます。資産家自身がその通帳をつくっていたり、資産家のお金が口座に入っているのであれば、家族名義であっても、その資産家のものとみなされ、相続時には相続財産に加えられるのです。

　たとえば、奥さんが自分で働いているなどの理由がないのに、自分名義で多額の預貯金を持っていた場合などは、奥さんの所有物ではなく故人の所有物として相続財産に加えられます。

29 【法定相続人】

誰が遺産をもらって、
相続税をどれだけ払う?

- ☑ 法定相続人とは法的に相続する権利を持つ人です。
- ☑ 法定相続人でない人などが相続した場合は相続税額が2割増しになります。

🔍 法定相続人には相続の権利と義務がある

相続税の基礎控除を決めるのは、法定相続人の人数です。基礎控除の計算 ⇒ 117ページ

法定相続人というのは、故人の家族や親族などで、法的に相続する権利が認められている人のことです。

遺産の分配方法を最終的に決め、相続税の申告をする義務があるのも、この法定相続人です。

法定相続人はその立場に応じて、遺産をどのくらい分配してもらえる権利（法定相続割合）があるか定められています。

故人が遺言などを残していない場合は、この法定相続割合に応じて遺産をもらえる権利が生じることになります。

遺言がある場合でも、遺言の内容にかかわらず法定相続人は一定の遺産をもらう権利を持っています。

法定相続人は、「何親等までの親族」というように故人との関係の度合いで範囲が決められているわけではありません。故人の家族状況によって範囲が変わってきます。

そして故人に子供がいるかいないかで大きく変わってきます。

故人に子供がいる場合といない場合の法定相続人の範囲と、法定相続割合は次のとおりです。

chapter

6

相続税

被相続人（資産を残して死亡した人）に子供がいる場合の
法定相続人

	被相続人に配偶者が いる場合	被相続人に配偶者が いない場合（死別もしくは離別）
法定相続人	配偶者と子供	子供
遺産の 法定相続割合	配偶者が $\frac{1}{2}$ 、残りの $\frac{1}{2}$ を子供で分ける	遺産すべてを子供で均等に 分ける

被相続人（資産を残して死亡した人）に配偶者はいるが子供はい
ない場合の法定相続人

	被相続人の両親が 存命の場合	被相続人の両親はいないが 兄弟がいる場合
法定相続人	配偶者と両親	配偶者と兄弟
遺産の 法定相続割合	配偶者が $\frac{2}{3}$ 、残りの $\frac{1}{3}$ を両親で分ける	配偶者が $\frac{3}{4}$ 、残りの $\frac{1}{4}$ を 兄弟で分ける

子供のいない夫婦は甥や姪に相続権が発生するケースも

　子供のいない夫婦の場合、気を付けなくてはいけない点があります。

　法定相続権は、配偶者の親、兄弟姉妹のほか、その兄弟姉妹の子供（つまり甥や姪）にも発生する場合があることです。

　子供のいない夫婦の場合、故人の両親が死亡しているときは、故人の兄弟姉妹に法定相続権が発生します。しかし、その兄弟姉妹も死亡していて、兄弟姉妹に子供（甥や姪）がいる場合、「代襲相続」というものが行われます。

　この甥や姪に、法定相続権が発生した場合が非常に厄介なのです。

　いまの世の中は甥や姪とは疎遠で、連絡をとるだけでも一苦労ということも多いものです。そして、疎遠になっている甥や姪は、遺

産に対しても無責任ですので、「もらえるものがあるならもらっておこう」という態度に出ることも多いのです。

　夫婦で築き上げた財産を、何の関係もない甥や姪が「法定の権利だから」とぶんどってしまうわけで、しかも関係がない分、責任もないので、それを放棄しろといわれても、なかなか承知しないことも少なくないのです。

　子供のいない夫婦のどちらかが死亡した場合で、故人の親が死亡しているときの相続関係は次の表のようになります。

状況	配偶者の法定取り分	そのほかの法定取り分
被相続人に兄弟がいる場合	配偶者が $\frac{3}{4}$	残りの $\frac{1}{4}$ を兄弟で分け合う
被相続人に兄弟はいるが一部死亡していて、死亡した兄弟に子供がいる場合	配偶者が $\frac{3}{4}$	残りの $\frac{1}{4}$ を兄弟の人数分で分け合い、死亡した兄弟の分はその兄弟の子供で分け合う
被相続人に兄弟はいるがすでにみな死亡していて、死亡した兄弟に子供がいる場合	配偶者が $\frac{3}{4}$	残りの $\frac{1}{4}$ をまず兄弟（故人）の人数分で分け合い、各故人の子供たちが故人分を分け合う

子供、配偶者、親以外の相続人は税金が2割増し

　相続税で絶対に忘れてはいけない点は、法定相続人でない人が相続した場合や、法定相続人であっても被相続人の兄弟などが相続した場合、納付するべき相続税額が2割加算されることです。

　相続税は、いったん遺族全体で基礎控除の計算などをしたのち、遺産をもらった各人に対して、もらった遺産額に応じて課せられる税金です。法定相続人でない人や被相続人の兄弟の場合、相続税の税額を算出したとき、それに2割加算した額を納付しなければなりません。

「直系尊属（実子か両親）」「配偶者」が相続することが基本線になっており、それ以外の人が相続する場合は、相続税の割増料金（2割加算）がかかるというわけです。

2割加算にならないのは次の人です。これ以外の人が相続した場合は、必ず相続税が2割加算になります。

2割加算にならない法定相続人

☀ 配偶者

☀ 両親

☀ 実子

☀ 代襲相続をした孫（実子が死亡して、その子供つまり孫が代襲
　相続をした場合）

相続税のシミュレーション

さてここで、具体的にどのくらい相続税を払うことになるのか、簡単にシミュレーションしてみましょう。

1億5000万円の資産を残して父親が亡くなったとします。法定相続人は、妻と子供3人の合計4人です。法定相続人が4人ということは、遺産全体の基礎控除の計算は次のようになります。

　600万円 × 4人 ＋ 3,000万円 ＝ 5,400万円

この遺族の基礎控除額は5,400万円です。ですから、まず1億5000万円から5,400万円が差し引かれます。

　遺産総額1億5000万円 － 基礎控除5,400万円
　　　　　　　　　　　 ＝ 9,600万円（相続税の課税標準）

この9,600万円が、「課税対象となる相続財産」になります。

この9,600万円を、まず法定相続割合で分配します。

法定相続割合では、妻が4,800万円、3人の子供が1,600万円ずつということになります。**配偶者と子供がいる場合 ⇒ 126ページ**

　妻は4,800万円ですので、118ページの税率表に当てはめると次のようになります。

> 4,800万円 × 20% － 200万円 ＝ 760万円

　子供は1人あたり1,600万円ですので、これを税率表に当てはめると次のようになります。

> 1,600万円 × 15% － 50万円 ＝ 190万円

　妻の760万円と、子供3人の570万円（子供1人あたり190万円）の4人分の合計1,330万円が、この遺族全体の相続税ということになります。

　この1,330万円を実際の遺産の分配に応じて納税することになります。実際の分配は、妻が「4」で、子供3人が「2」対「2」対「2」とすると、税金の計算は次のようになります。

> 妻の税金　　1,330万円 × 0.4 ＝ 532万円
> 子供の税金　1,330万円 × 0.2 × 3人 ＝ 798万円

　しかし、この後で説明しますが、妻の場合は相続税の配偶者控除が受けられるため、上記のケースでは相続税がかかりません。

　ですから、この遺族に課せられるのは子供の分の税金798万円ということになります。1億5000万円の遺産を受けとっても、遺族全体で払う相続税は798万円なのです。相続税というのは、よほど大きな遺産でない限り、それほど高いものではないのです。

もし故人に負債がある場合は、相続資産から負債を差し引くことができます。また、負債のほうが大きい場合は相続を放棄することもできます。
ただし相続放棄をする場合は、負債だけを放棄することはできず相続全体を放棄しなくてはなりません。

配偶者と未成年の人に
用意されている税の減免制度

☑ 配偶者は遺産の半分までは相続税がかかりません。
☑ 未成年者が相続人の場合にも、十分ではないものの税金の控除があります。

配偶者には大きな控除がある

相続税には、さまざまな割引制度がありますが、そのもっとも大きなものは、「配偶者の税額軽減」だといえます。

まず、配偶者は、1億6000万円までの遺産には相続税がかかりません。たとえば、夫が財産を残して死亡した場合、妻は1億6000万円以内の遺産ならば、まったく相続税を払わなくていいのです。これは、先に亡くなったのが妻の場合（妻の遺産を夫が相続する場合）も同様です。

ただし、この控除を使えるのは、配偶者（妻もしくは夫）が相続した分についてだけです。遺族全体が1億6000万円の控除を持っているわけではありません。

ですから、たとえば1億5000万円の財産を残して夫が死亡し妻と子供2人が残されたときに、この遺産をすべて妻が相続した場合は相続税が課せられません。しかし、妻と2人の子供で均等に5,000万円ずつ相続した場合、妻には相続税はかかりませんが、子供2人には相続税がかかります。

つまり、故人に配偶者がいるなら、遺産を分けるときに配偶者に多く配分すれば、相続税は安く抑えることができるということです。特に1億6000万円以下の遺産ならば、相続税はゼロになるので、これは覚えておいてください。

しかも、この配偶者の控除は、基礎控除とは別枠になっています。

基礎控除は、600万円 × 法定相続人 ＋ 3,000万円 でした。で
すから、配偶者が遺産を全部相続すれば2億円前後までは、相続税
がかからないことになります。

配偶者は遺産の半分までは無税

　さらに配偶者には、遺産の半分までの相続には、相続税がかから
ないという規定もあります。

　どんなに遺産があったとしても、配偶者はその半分までは、相続
税なしで相続できるのです。

　相続税法では、資産は「夫婦で築いたもの」という考え方をとっ
ているので、遺産の半分は配偶者のものであり、遺産の半分には相
続税がかからないのです。

　しかし、この減免制度は、先ほどの1億6000万円免除と同じで
遺産全体に対しての基礎控除ではなく、あくまで配偶者だけが持っ
ている控除です。配偶者以外の相続人たち（子供など）の相続分に
はまともに相続税がかかってきます。

　配偶者控除を受けるには、相続税申告の際に戸籍謄本と遺言書の
写し、遺産分割協議書の写しなど、配偶者の取得した財産がわかる
書類を提出します。つまり配偶者が、これだけの遺産を受けとって
いるという証明書類を準備しなければならないのです。

　ただし、遺産分割が長引いて申告期限内に終わらなかったような
場合には、分割が決定した日から4カ月以内ならば、「更正の請求」
といって申告のやりなおしをすることができます。**相続税の申告期限 ⇒**
135ページ

未成年者控除もあるが、あまり実情に合っていない

　配偶者には手厚い控除制度があることをご紹介しましたが、相続
人が未成年だった場合も、若干の控除制度があります。配偶者控除
ほど大きくはありませんが、ある程度は税金が少なくなるのです。

未成年者の控除制度は、次のようなものです。

未成年者が20歳になるまでの年数 × 10万円
＝ 相続税の税額控除

※年数に端数がある場合は切り上げ。

この未成年者控除は、課税対象の遺産額を減額するのではなく、税額を控除することになっています。上の算式で出した金額分の相続税が減るということです。

たとえば、父親が亡くなった15歳の子供の場合。20歳になるまで5年ありますから、

5年 × 10万円 ＝ 50万円

となり、50万円が控除額になります。

50万円に相当する遺産額は、税率10％の場合は500万円です。ですから、基礎控除分以外に、500万円分の遺産ならば無税で受けとれるということです（遺産総額や家族の状況によって、無税となる遺産限度額は若干変わってきます）。

この未成年者控除は配偶者控除の1億6000万円に比べれば、かなり見劣りがします。

未成年者というのは、相続人の中で一番お金が必要な人です。未成年者控除はもっと拡充されていいはずですが、未成年で多額の遺産を受けとる人というのは、あまり多くないので、立法や行政の目が行き届いていないのです。また後ほど述べますが、生命保険の受取人を未成年の子供などにしていると、とんでもないことになってしまったりもするのです。

この未成年者控除を受けられる人は、法定相続人に限定されます。具体的には、「実子」「弟」「妹」「代襲相続の場合の孫」「養子」しか対象になりません。

生命保険の非課税枠を
うまく使う方法

☑ 生命保険の保険金は法定相続人1人あたり500万円までは非課税になります。
☑ 多額の生命保険に入る場合は受取人に注意が必要です。

保険金も相続税の対象になる

生命保険の保険金も相続税の対象資産になります。

しかし、法定相続人1人あたり500万円の非課税枠があります。生命保険の保険金は、遺族の生活保障の意味合いがあるため、保険金の全額を相続税の対象にするのはよろしくない、ということです。

この保険金非課税枠をうまく使えば、自分の資産を瞬時に無税で親族に譲り渡すことができます。

たとえば終身保険の場合です。終身保険は、何歳で亡くなったとしても、死亡したときには保険金が受けとれるという生命保険です。事実上の貯金のようなものです。

この終身保険に加入していれば、法定相続人の人数分の財産を無税で譲渡することができます。

5,000万円の資産を持っている人が、500万円の終身保険に2口入ったとします。保険料は一括払いにして、受取人は自分の子供2人です。

この人が亡くなったとき、子供2人には保険金がそれぞれ500万円ずつ入りますが、これには相続税がかかりません。そして、この人の残りの資産は4,000万円ですから、法定相続人が2人以上いれば相続税はかかってきません。**基礎控除の計算 ⇒ 117ページ**

　一方で、多額の保険金の受取人を子供名義にしたりすると大変なことになってしまうケースがあります。

　生命保険の控除額は、法定相続人1人あたり500万円です。保険金が数百万円程度の生命保険ならば、この控除額は威力を発揮します。

　しかし、数千万や億単位の生命保険の場合、生命保険の控除は焼け石に水という程度です。

　まだ子供が小さいからと、自分にもしものことがあったときのために、数千万円単位の生命保険に入っている人は、そう珍しくはないはずです。

　しかし、この保険金の受取人を子供名義にしていると、多額の相続税がかかってきます。

　たとえば、もし自分が早くに亡くなってしまったら1人娘の将来が心配だと、若い父親が娘を受取人にして1億円の生命保険に入っていたとします。そして、不幸にも本当に若くして亡くなってしまったとすると、この1人娘に1億の保険金が入ってきます。

　法定相続人が妻と子供1人の計2人だった場合、生命保険の保険金は1,000万円までは非課税ということになります。

　しかし、基礎控除、未成年者控除、生命保険の控除を入れても控除額は5,000万円くらいにしかなりません。

　残りの5,000万円にはまともに相続税がかかってきます。額にして、何と800万円です。

　一方、生命保険の受取人を妻（配偶者）にしておけば、配偶者控除がありますので、1億6000万円までの控除が受けられます。1億円の保険金を受けとっても相続税はかかりません。

　ですから、生命保険の受取人の名義は、よほどのことがない限り子供にしてはいけないのです。

申告だけ済ませて、税金は後回しにするのも可

☑ 相続税の申告期限は死亡したことが判明した日から10カ月以内。
☑ 遺産の分配が確定するまで申告内容を修正できます。

死亡判明から税金納付まで

ここで相続税の申告までの流れをご説明しましょう。

相続税は、一定以上（基礎控除分以上）の資産を持っていた人が死亡した時点からスタートします。

法定相続人は、その死亡を知ったときから10カ月以内に申告しなければならないのがルールです。

たとえば、令和3（2021）年1月1日に死亡したことがわかった場合なら、令和3年11月1日が相続税の申告期限となります。もしその日が土日か祝日なら、その日から最初の平日が申告期限となります。

なぜ「死亡した日」ではなく「死亡を知った日」なのかというと、1人暮らしのお年寄りなどの場合、親族が死亡したことを知るのは死亡した日のずっと後になることもあるからです。また行方不明になってしまった人などは、死亡した日にちがわからない場合もあります。

ですから、遺族が「死亡したことがわかった日」を基準にしているのです。

また、申告するまでに10カ月も期間が空いているのは、相続税の場合は遺産分割などに時間がかかるからです。

相続税は、実際に各法定相続人に分配される額が決まらないと税額も決まらないので、財産分与が確定するまでは申告ができないの

です。

　相続税の納付期限は、申告期限と同じ日です。申告だけ早めにしておいて、税金の納付は期限ぎりぎりに行うということもできます。

後からやりなおすことは簡単

　相続税の申告で、もし納めすぎなどの間違いが判明したときには、申告期限から5年以内であれば、「更正の請求」といって、納めすぎた税金を取り戻す手続きをとることができます。

　遺産分割協議がかなり後になって決着したなどの「後発的理由」がある場合は、5年以上過ぎていても、その事実が生じた日から4カ月以内までなら更正の請求ができます。

　つまり、遺産の分割方法が確定するまでは、相続税の申告の修正は効くということです。

　相続税は、法定相続人たちによる遺産の分配方法によって税額が大きく違ってきます。遺産を配偶者が相続する場合と子供が相続する場合とでは、納付する税額がまったく違います。

　そして遺産の分配の確定が、相続税の申告期限内に終わらないケースも多々あります。

　ですから、本当の納税すべき額は、申告期限後に決定することも多いのです。

　とはいえ、申告期限内に申告していないと、申告が遅れたことのペナルティとして加算税などの追加の税金が取られます。申告だけはしておかなくてはいけません。

　申告期限に間に合わない場合は、とりあえず法定相続割合での計算で申告しておいて、その後で分割協議を行い、納めすぎた税金は更正の請求で取り戻す、というふうにするのが現実的な方法になります。法定相続割合 ⇒ 125ページ

33 【養子】

養子と
相続税の関係

- ☑ 養子も法定相続人になります。ただし法定相続人になれる養子は2人まで。
- ☑ 孫養子が払う相続税は2割増しになります。

条件付きで養子も法定相続人に

法定相続人が増えれば基礎控除額が大きくなるので、その分、相続税が安くなります。ですから養子をとって法定相続人の人数を増やしたいと思う人もいるでしょう。

養子も一定の条件下で法定相続人になることができます。養子は相続税の面からは、子供そして法定相続人として扱われます。養子をとれば、相続税の基礎控除の算定基準となる法定相続人が増えることになります。

ただし、養子はすべて無条件で相続税の法定相続人になれるわけではなく、子供のいない夫婦は2人まで、子供のいる夫婦は1人までという制限があります。この制限は、実は相続税の上だけのものです。民法上の養子というのは、数の制限などはありません。

相続税は原則として、法定相続人の定義などは民法にのっとっています。しかし、養子に関しては、相続税と民法で扱いが違うのです。

もし養子の数に制限を設けなければ、相続税の基礎控除額を引き上げるために、何人もの養子をもらうような人が出てくるかもしれない、という懸念があるのでしょう。

chapter **6** 相続税

孫を養子にすると節税になる?

　孫がいる人は、孫を養子に迎えると、基礎控除額が増える以外に大きなメリットが生まれます。それは「相続を1回飛ばせる」ことです。

　相続は、親子の間で行われるのが普通です。親が亡くなれば子供に、その子供が亡くなれば、子供の子供（孫）に、という具合に相続が行われます。

　ですから、孫が祖父母の遺産を引き継ぐまでには2回の相続を経ることになります。そして、2回の相続があるということは相続税が二度発生する可能性があるということです。

　ところが、祖父母が孫を養子にしておけば、相続税1回分を払わなくていいのです。本来は、祖父母の遺産を親が引き継いだ時点で相続税がかかり、親から子供が引き継いだ時点でまた相続税がかかるところを、祖父母から孫が引き継いだときの1回だけで済むわけです。

　これは資産家にとってはかなり大きなことです。莫大な資産を持っていれば相続税の最高税率は55%なので、相続税を2回払えば単純計算で100の資産が20くらいになってしまいます。**相続税の税率⇒ 118ページ** 孫を養子にすることで、55%の相続税を1回分逃れることができるわけです。

　ただし、孫を養子にした場合、子（孫から見れば親）が先に死亡しているケースを除き、孫の相続税は2割加算となります。普通の養子であれば2割加算はないのですが、孫を養子にした場合は普通の養子とは扱われずに2割加算の対象となります。

「家」は最強の
相続税節税アイテム

- ☑ 「小規模宅地等の特例」を受けられると相続資産の土地評価額が80％も減額されます。
- ☑ 2世帯住宅、老人ホームに入居、家なき子などの「特例の特例」もしっかりチェックしましょう。

「家」が節税アイテムになる理由

相続税を安くする強力な武器として、配偶者控除ともう1つ、「家」があります。配偶者控除 ⇒ 130ページ

家には、相続税法上の大きな特典があるのです。

故人と遺族が同居していた家は、相続資産の土地評価額が80％も減額されます。これは「小規模宅地等の特例」と呼ばれるものです。

相続税の対象は、原則として金銭的価値があるものすべてで、土地ももちろん含まれます。というより、土地というのは相続においては非常に大きなウェートを占めることが多いです。お金持ちではないけれど、家（土地）を持っているということで相続税が発生するケースは多々あります。

亡くなった人と遺族が同居していた家は、土地の広さが一定規模以下の場合は、土地の評価額が80％減額されます。「一定規模以下の土地」とは、330㎡以内の宅地です。

330㎡以内の宅地で、亡くなった人と親族が同居していた家は、土地の評価額が80％減額されて20％だけになります。同居している親族には、もちろん配偶者も含まれます。

もっとも多いケースは、先に夫が亡くなって、妻がその家を相続した場合で、宅地が330㎡以下なら土地の評価額が80％減になります。

配偶者に限らず、故人と子供が同居していた場合、子供もこの特例の対象になります。

自宅の土地が8割減となる条件（小規模宅地等の特例）

☀ 故人（遺産を残して死亡した人）の自宅の土地が330㎡以内であること

☀ 故人と同居していた法定相続人がその家を相続し、そのまま住み続けること

都心部の家のほうが相続税の上では有利

この小規模宅地等の特例の特筆すべきところは、「330㎡以下」という条件は、全国共通だということです。都心部であっても、地方であっても、330㎡以内の住宅地であれば、この特例の対象になります。

これは考えようによってはすごいことになります。

あえて極端な例でご説明します。令和元（2019）年度に日本でもっとも地価の高かった場所は、東京都中央区銀座5丁目の「鳩居堂」前で、1㎡あたりの価格は4,560万円でした。

ここに330㎡の土地を持っていたとしましょう。土地代だけで150億円になります。

ここに家を建て、家族と一緒に住んでいる人がいたとします。この人が亡くなって、家族がこの家を相続しました。特例によって土地の評価額はわずか30億円程度になります。

相続税額にすれば高くとも10億円程度となるでしょう。150億円を受けとって相続税がたった10億円で済むのです。税率は7％にもなりません。

もちろん、こんな例は現実にはあり得ません。しかし、これと"似たような例"は日本中でいくつも見られるのです。

地方の豪邸は逆に損

この特例は、逆に地方や郊外部では不利に働きます。

地方では相対的に土地代が安いので広い土地に家を建てている小富豪がいます。1,000㎡くらいの宅地に住んでいても、土地代は2,000～3,000万円くらいというような場合もけっこうあります。

こういう土地は、330㎡を超えているので、特例の対象の埒外です。相続税対策の上では、地方で広大な家を建てるより、都心部で330㎡以内の宅地に家を建てるほうが有利なのです。

地方には市街地から離れたところにお城と見まがうような豪邸を建てている人が時々いるが、相続税対策の面からいえばおすすめできないぞ！

2世帯住宅でも評価額が8割減になる

330㎡以内の小規模宅地を相続すれば相続税が大幅に減額になりますが、この特例には「故人と同居していた」という条件が付くので、相続人が配偶者である場合はともかく、子供の場合は、けっこうハードルが高いでしょう。

しかし、小規模宅地等の特例は純然たる同居である必要はなく、2世帯住宅でもいいのです。しかも、この2世帯住宅は、玄関などが別々で、両家の間が行き来できない完全分離型でもOKなのです。

たとえば、親がけっこう大きなお金を持っている場合、土地の高いエリアで完全分離型の2世帯住宅を買ってもらい、そこに住むというのは、相続税対策の面からは非常に有効な方法になります。

老人ホームに入居していても特例は受けられる

2世帯住宅での小規模宅地等の特例は、病気などで親が老人ホー

ムで最期を迎えたような場合でも適用されます。

　平成27（2015）年の法改正により、親が老人ホームに入所した
ことで、死亡したときにその家に住んでいなかったとしても、介護
が必要なために入所したような場合は、小規模宅地等の特例が適用
されることになりました。

**被相続人が老人ホームに入居していても小規模宅地等の特例が使
える条件**（国税庁ホームページより）

次のような理由により、相続開始の直前において被相続人の居住
の用に供されていなかった宅地等について、一定の要件を満たす
場合には、特例の適用ができるようになりました。ただし、被相続
人の居住の用に供さなくなった後に事業の用又は被相続人等以外
の者の居住の用とした場合を除きます。

　　イ　要介護認定又は要支援認定を受けていた被相続人が
　　次の住居又は施設に入居又は入所していたこと

　　　　A　認知症対応型老人共同生活援助事業が行われる住
　　　　　　居、養護老人ホーム、特別養護老人ホーム、軽費老人
　　　　　　ホーム又は有料老人ホーム

　　　　B　介護老人保健施設

　　　　C　サービス付き高齢者向け住宅

　　ロ　障害支援区分の認定を受けていた被相続人が障害者
　　支援施設などに入所又は入居していたこと

老人ホームに入っていても家族に
自宅は必要ですし、その自宅を
引き継いだ場合、相続税が減免
されるのは当然といえば当然の
ことですね。

同居していない子供が小規模宅地等の特例を受けられる条件

　2世帯住宅に住めば同居と認められ、その家を相続した場合、土地分の相続税が8割減になる特例についてご紹介しました。

　しかし、2世帯住宅に抵抗がある人や、独身などで2世帯住宅を建てるには至らない人もいるでしょう。そういう人も小規模宅地等の特例を使える可能性があります。

　実は、小規模宅地等の特例には、さらに美味しい特例があるのです。同居していなくても、2世帯住宅に住んでいなくても、小規模宅地等の特例の優遇制度を受けられるケースがあります。

　それはどういうケースかというと、次の3点です。

> ☀ 被相続人に配偶者がいないこと
> ☀ 被相続人に同居していた法定相続人がいないこと
> ☀ 相続人が過去3年間、自分の家を持っていないこと

　つまり、簡単にいえば、持ち家がなく賃貸住宅に住んでいる相続人が、故人（被相続人）の家を引き継いだ場合、小規模宅地等の特例の優遇制度を受けられるということです。

　典型的なケースは、故人が1人暮らしで、子供は別のところで賃貸住宅に住んでいる、というものです。1人暮らしの親が死亡し、賃貸住宅に住んでいる子供が、その親の家を引き継いだなら、土地における相続税が8割減になります。

　これは「家なき子特例」といわれています。持ち家のない子供が、親の家を継いだときに受けられる特例だからですね。

　この家なき子特例は、かつて家を持っていたがいまは売却してしまっている人や、持ち家を賃貸に出して3年以上経過している人も対象になります。

　家なき子特例を受けるための主な条件は次の3点です。

chapter **6**

相続税

- ☀ 被相続人に配偶者がいないこと
- ☀ 故人と同居していた法定相続人がいないこと
- ☀ 法定相続人は3年以上、賃貸住宅に住んでいること

📢 家なき子特例の条件が厳しくなった

ただし、平成30（2018）年度の税制改正により、次の条件に当てはまる人は、家なき子特例を受けることができなくなりました。

- ☀ 相続開始前3年以内に3親等の親族等が所有する家屋に居住したことがある人
- ☀ 相続開始時において居住の用に供していた家屋を過去に所有していたことがある人（持ち家があったのに、持ち家がないことにするために家の名義を変えた人など）

つまり、自分は家を持っていないけれど、配偶者が所有する家に住んでいるといった人は対象外になるということです。

なぜこのような改正が行われたかというと、自分の持ち家を配偶者の名義にして、自分は家を持っていないことにして家なき子特例を受けようとする人や、本当は家を持っているのに、家なき子特例を受けるためだけに自宅を親族などに売却する人などが見受けられるようになったからです。

そういうズルい人が排除されるのは当たり前です。税制改正によってチェックの目が厳しくなったわけですが、しっかり条件を満たしている人は、家なき子特例の活用を検討してみてください。

相続税とセットで考えよう！
贈与税

相続税があるのに
なぜ贈与税もある?

☑ モノをもらったときには家族間であっても贈与税がかかります。
☑ 贈与税は相続税に連動しています。

贈与税は相続税逃れをつぶすためにつくられた

日本には「贈与税」という税金があります。

これは、誰かにお金やモノをあげたときにかかってくる税金です。お金やモノを贈与すれば、それが家族間であっても贈与税がかかることになっています。

実は贈与税は、相続税のとりっぱぐれを防ぐためにつくられた税金です。

資産をたくさん持っている人は、子孫に相続税がかかるのを回避するために、生前のうちになるべく自分の資産を子孫に譲っておきたいものです。しかし、それを許してしまえば、資産家の資産は無税で子孫に譲渡されることになり、相続税はまったく意味をなさなくなってしまいます。ですから、資産家の生前譲渡を許さないために贈与税がつくられているのです。

そのため、贈与税の税率は相続税とまったく連動しています。

現在のところ、贈与税の最高税率は55%ですが、これは相続税の最高税率が55%だからです。**相続税の税率 ⇒ 118ページ** もし贈与税の税率のほうが低ければ、相続税がかかる前に贈与しておこうとなりますからね。

また贈与税の課税価格は、相続税のそれよりかなり小さくなっています。これは、贈与は何年間にもわたって小分けにして行うことで大きな資産を移すことが可能だからで、それを防ぐためです。

⚱ 贈与税の基本情報

⚱ どういう税金？
一定額以上のモノ（お金を含む）をもらったときにかかる税金。

⚱ 誰が負担する？
一定額以上のモノ（お金を含む）をもらった人。

⚱ 税率

一般贈与財産

基礎控除後の課税価格	税率	控除額
200万円以下	10%	—
300万円以下	15%	10万円
400万円以下	20%	25万円
600万円以下	30%	65万円
1,000万円以下	40%	125万円
1,500万円以下	45%	175万円
3,000万円以下	50%	250万円
3,000万円超	55%	400万円

特例贈与財産

基礎控除後の課税価格	税率	控除額
200万円以下	10%	—
400万円以下	15%	10万円
600万円以下	20%	30万円
1,000万円以下	30%	90万円
1,500万円以下	40%	190万円
3,000万円以下	45%	265万円
4,500万円以下	50%	415万円
4,500万円超	55%	640万円

　特例贈与財産は、財産の贈与を受けた年の1月1日現在に20歳以上の子供や孫などが直系尊属から贈与を受けた場合の財産です。一般贈与財産は特例贈与財産以外の贈与財産です。

⚱ 税金の算出方法

（贈与を受けた資産 − 控除額）× 税率

⚱ 納付方法
贈与を受けた人が申告し納付します。

⚱ 国税or地方税？
国税

⚱ 窓口
税務署

⚱ 直接税or間接税？
直接税

贈与税の基礎控除を使えば 相続税を節税できる

- ☑ 贈与税にも基礎控除があります。
- ☑ 長期的視点で贈与税の基礎控除を使っていくと相続税の割引 と同じ効果が得られます。

贈与税の基礎控除は1年間につき110万円

　贈与税には、1年間で110万円の基礎控除額があります。基礎控除額は、「ここまでの金額の贈与ならば贈与税はかからない」という額です。

　ですから、1年間に110万円ずつを親族などに贈与して、次の年以降もそれを繰り返していけば、生前のうちに無税で資産を譲渡できます。

　この贈与税の基礎控除は、親族はもとより誰にでも適用されます。基礎控除を使えば、自分の資産を無税で譲り渡すことができるのです。

　相続税を安くしたい場合、もしくは相続税を非課税にしたい場合の基本中の基本の方法が、「贈与税の基礎控除額を使う」ことです。

贈与する相手は親族でなくてもいい

　贈与税の基礎控除は、「あげる側」ではなく「もらう側」に適用されるものです。

　資産を誰にあげても、何人にあげても、基礎控除額以内であれば、あげる側には贈与税がかかりません。

　つまり、年間110万円までなら、何人に対して贈与しても税金面の問題は起こりません。これをうまく使えば、数年で大きな資産を生前譲渡することができます。

　たとえば、親族10人に毎年110万円ずつ贈与すれば、1年間で1,100万円の資産譲渡ができます。これを10年間続ければ1億1000万円になります。

　また、贈与税の基礎控除の対象となる贈与先は、親族に限りません。相続税の基礎控除のように、法定相続人にだけ枠が与えられるものではないのです。相続税の基礎控除 ⇒ 116ページ　法定相続人 ⇒ 125ページ

　ですから親族が少ない人は、世話になった知人や友人に贈与してもいいのです。

　資産を1億円持っていたとして、1年につき550万円を10年間、まわりの人に贈与し続けたとします。そうすれば、資産は4,500万円にまで減ります。これは法定相続人が3人いれば相続税が非課税になる資産額です。

　何十億、何百億の資産を持っている人は別として、数億円クラスの資産家ならば、この贈与税の控除枠を使えば、短期間で資産のほとんどを譲渡できます。

　相続税がかかるかかからないか微妙なライン上にいる資産家などにとっては大切な節税方法になります。

申告は不要でも資産の移動は必ずしなければならない

　贈与税の基礎控除を使って相続税を節税する場合、贈与額が基礎控除内に収まって税金がかからない場合は、贈与税の申告をする必要はありません。

　しかし、だからといって、お金のやりとりやモノのやりとりがまったくないのに、相続税節税のために「やったことにする」のはもちろん通じません。毎年定期的に振り込むなど、実際の資産の移動が必要です。

　また、親族に内緒で親族名義の口座をつくってお金を振り込んでいるような場合もダメです。あくまでお互いが贈与を認識した上で資産の移動をする必要があります。

毎年300万円ずつ贈与しても税金は10%

　贈与税の基礎控除額110万円にこだわらず、ある程度の贈与税を払いつつ、財産分与するという方法もあります。

　贈与税の税率を見ると、年間200万円までは税率10%で済むのがわかります。基礎控除の分を足すと年間310万円までは税率10%でいいのです。**贈与税の税率 ⇒ 147ページ**

　もし、自分以外の家族5人それぞれに年間310万円の贈与をすれば、それだけで年間1,550万円の財産分与ができます。

　それで、税金は基礎控除を除いた10%ですので、わずか100万円です。

　これを7年間続ければ、1億円の財産を分与できることになります。14年間続ければ2億円です。

　2億円もの資産を分与して税率は10%。しかも、贈与税は毎年少しずつ払うわけですから、相続税のように大きな負担感はありません。

　つまり、生前に財産分与するということは、相続税を大幅割引した上で分割払いをしているようなものなのです。

　昨今の長寿社会ですので、80歳から始めたとしても、うまくいけば20年間くらいは続けることができるかもしれません。ちょっとしたお金持ちの人は、これで財産の大半は分与できるはずです。

　また、この相続税対策は、不動産の購入など、大きなリスクや労力を伴うものではありません。手続きも簡単ですので、税理士に依頼するような必要もありません。

　自分で、毎年税務署に足を運んで贈与税の申告をすればいいだけです。

「贈与税の申告で相談したいことがあります」と、税務署員の助けを借りれば誰でもできることですので、譲り渡したい資産がある人はぜひ検討してみてください。

37【おしどり贈与】

長年連れ添った夫婦に プレゼントされる贈与税の特例

☑ 夫婦間で贈与するときの特例として「おしどり贈与」があります。
☑ 法律改正により相続争いの防止効果が期待されます。

おしどり贈与なら2,000万円を無税で渡せる

夫婦間の贈与については「おしどり贈与」という特例があります。「おしどり贈与」というのは、20年以上連れ添った夫婦が、自分の名義の家を相手（配偶者）に贈与すれば、家の金銭的価値が2,000万円以内の場合は贈与税が課せられないというものです。

家そのものだけでなく、家の購入費も2,000万円以内ならば無税で分与できます。

つまりは、家もしくは現金・預金を2,000万円分、配偶者に無税で贈与することができるわけです。

これは、とりたてて資産家ではない"普通の人"の相続税対策としては非常に大きなものがあります。

"普通の人"の場合、このままではぎりぎり相続税がかかるけれど、もし資産が2,000万円減れば、相続税非課税のラインを越えられるという方は非常に多いはずです。

おしどり贈与は、110万円の贈与税非課税枠（基礎控除額）と違って、一度に2,000万円もの資産を減らすことができます。より即効性があるということです。

「争族」の抑止力にもなる

おしどり贈与は、親族間で繰り広げられる泥沼の相続争い「争族」の防止にもなります。

子供がいない夫婦のどちらかが死亡した場合、故人の親や兄弟も法定相続人になれる可能性があります。**子供がいない場合の法定相続人 ⇒ 126ページ**

　たとえば、子供のいない夫婦の夫が死亡した場合、夫の両親が存命なら、両親には遺産の $\frac{1}{3}$ を受けとる権利が生じます。両親がすでに亡くなっている場合は、夫の兄弟が遺産の $\frac{1}{4}$ を受けとる権利が生じます。

　こういうケースでは、おしどり贈与が大きな効力を発揮します。生前に資産を配偶者に分与しておけば、自分が亡くなったとき、その分の遺産が減ることになるからです。

民法改正により、おしどり贈与の効果がUP

　しかも、近年行われた民法の大幅改正により、令和4（2022）年から、おしどり贈与の効果はさらに上がることになります。

　民法改正により、20年以上連れ添った夫婦が、おしどり贈与を行った場合、その分は遺産額から除外されることになるのです。「おしどり贈与は、特例にのっとって贈与したものだから、相続税の対象にはならないだろうし、そもそも遺産額から外されていたんじゃないの？」と思う人もいるでしょう。

　ご指摘のとおりで、これまでも、おしどり贈与を行った場合、その分は相続税の対象ではありませんでした。

　しかし、親族間の遺産分与の話し合いの場では、「あなたはすでに2,000万円をもらっているでしょう？」と、おしどり贈与された分が遺産分与されたものとしてカウントされてしまう傾向にあったのです。

　それを民法で明確に、「おしどり贈与された分は遺産に含めない」と示されることになったのです。

38【相続時精算課税】

贈与税がかからずに
親から子に確実にお金を届ける特例

☑ 親（祖父母）から子へは2,500万円までは無税で贈与できます。
☑ 親が亡くなると相続財産にカウントされるため相続税対策に
　 はなりません。

生前分与がやりやすくなる

　贈与税のもう1つの特例として、親から子へ無税で2,500万円まで贈与できる「相続時精算課税」というものがあります。

　これは「生前に一定の条件のもとで親が子に財産分与をすれば贈与税が課されない」制度です。贈与税がかからない代わりに、財産分与された分は、親が死亡したときに相続財産に加算されます。

　課税されない一定の条件というのは、

● 60歳以上の親か祖父母が、20歳以上の子供か孫に財産分与
　 すること
● 2,500万円までであること。贈与税がゼロなのは2,500万円
　 までで、2,500万円を超えると、超えた部分について一律20%
　 の贈与税が課せられる

というものです。

　簡単にいうと、「親（もしくは祖父母）から子供に財産分与する場合は、2,500万円までは贈与税はかけません。2,500万円以上の部分も一律20%の贈与税でいいですよ。でも相続時にはこの財産分与の分は、相続財産に加算しますよ」ということになります。

　この制度は、日本の経済環境を見ても、理にかなったものだといえます。

日本には、個人金融資産が1,900兆円もあり、その $\frac{2}{3}$ は高齢者が保有しているとされています。お金を使う機会が限られる高齢者の金融資産は将来不安も相まって貯まるばかりで、それが日本経済のお金の流れを滞らせているといわれています。

　資産の移転が求められるわけですが、高齢者が子供や孫のためにお金を使おうと思っても、少しまとまったお金を出そうとすると贈与税がかかってしまいます。贈与税が大きなネックになっていたわけです。

　そこで、高齢者の預貯金を少しでも若い人に回そうと、この相続時精算課税制度がつくられました。

　ただし、相続時精算課税を使う場合は、税務署への申告が必須になります。税務署への申告を怠った場合は、通常どおり、年間110万円以上の贈与に対しては贈与税がかかってきます。

相続時精算課税なら親の思いが100%反映される

　相続時精算課税は親が亡くなったときに、財産分与された分は相続財産に加算されて相続税があらためてかかるので、本質的な相続税対策にはなりません。

　相続税対策にはなりませんが、生前に財産分与することは争族を避ける意味では非常に大事です。しかし、通常どおりに財産分与をしてしまうと贈与税がかかってしまいます。そこで、相続時精算課税を使って財産分与しておくのです。

　しかも財産分与の方法は、親の思うとおりにできます。普通の相続であれば、相続人が相続できる最低限の取り分が法律で定められているので、遺言を残していても親の思うとおりの分与はできません。しかし相続時精算課税なら、分配方法は完全に親の意思でコントロールできるのです。

　ただし、いったん相続時精算課税を選択すると年間110万円の控除は使えなくなります。

39【教育資金の税免除】

孫の教育にかかるお金なら 1,500万円までは無税で渡せる

☑ 特例を使うと、祖父母から孫への教育資金は贈与税と相続税が免除されます。

☑ 対象となる教育資金の範囲はかなり広いです。

祖父母から孫、ひ孫へもOK

祖父母から孫へ教育資金を贈与する場合にも、贈与税免除の特例があります。

一定の条件のもと祖父母から孫へ教育資金を贈与した場合、孫1人あたり1,500万円までは相続税、贈与税がかからないことになっているのです。

祖父母からの教育支援であっても、扶養家族になっていない孫に対して年間110万円以上の支援をすれば贈与税がかかってしまいますが、この教育資金支援の特例を使えば、1,500万円まで無税で贈与できます。

そして、この特例を使って贈与したお金は相続財産にも加算されません。本質的な相続税対策として有効ということです。

また、この特例は孫だけでなく、ひ孫にも適用できます。

この制度は令和3（2021）年3月31日までの時限的な適用ということになっていましたが、令和5（2023）年3月31日まで延長されることになりました。

習い事の月謝も対象になる

教育資金支援の特例の対象は、けっこう広範囲となっています。

学校の授業料などはもとより、ピアノやスイミングなどのおけいこ事も含まれます。

おけいこ事をいくつもかけ持ちしている子供は大勢います。それらの謝礼を祖父母が持ってくれることになれば、子供（孫の親）は大助かりですね。

下手に財産だけ残して後々親族間の争族を招くくらいなら、かわいい孫の教育資金として、あらかじめ財産分与しておいたほうが賢明といえるでしょう。

教育資金支援の特例を使うには、次の条件に当てはまっていなければなりません。

* 教育資金をもらう人……30歳未満の直系卑属（孫、ひ孫など）
* 教育資金をくれる人……直系尊属（祖父母など）
* 教育資金の限度額………孫、ひ孫1人あたり1,500万円

教育費の内容	注意事項
学校等に対して直接支払われるもの。入学金、授業料、入園料、保育料、施設設備費または入学(園)試験の検定料など	「学校等」とは、幼稚園、小・中学校、高等学校、大学(院)、専修学校、各種学校、一定の外国の教育施設、認定こども園または保育所等など
学校教育の中で必要なもの。学用品の購入費、修学旅行費、学校給食費など	
学校以外の習い事など。学習塾、そろばんなどの学習の補助的なもの、水泳、野球などのスポーツ、ピアノ、絵画などの文化活動、その他教養の向上のための活動	学校以外での教育費は500万円までが限度となる
その他、教育等で必要と認められる費用	

裏 それは潜在的な贈与税の脱税

　贈与税は潜在的な脱税がかなり多いと見られています。

　モノをもらったりあげたりということには、わかりにくさが付きものです。贈与税法上は課税されるべきことでも、課税されていないことがよくあります。

　たとえば、お金持ちの息子が親から何百万円もする高級車を買ってもらうのはよくある話ですね。

　これなどは、本来、贈与税の課税対象となるはずです。お金持ちの娘の洋服代、アクセサリー代が年間110万円を超えるようなことも普通にあるでしょう。

　しかし、親からモノを買ってもらって贈与税を払うなどということはほぼ皆無なはずですし、税務署が調査して課税したという話も聞きません。

　親から子へモノを買い与えた場合は非課税。そんな規定はありませんから、これは完全に贈与税の課税逃れです。

　また、水商売に勤める女性が、客から数百万、場合によっては数千万の贈り物をもらったというのもよくある話です。これらも、贈与税を納めたという話は聞いたことがありません。当然、これにも非課税という規定はありませんから、課税逃れであることに違いはありません。

　このような形で贈与税など歯牙にもかけていない人たちは大勢いるでしょう。しかし、課税を逃れている以上、いつ追徴されてもおかしくはないのです。

税務署はお坊ちゃま大学の
駐車場を張って、高級外車
の使用者を調べてかたっぱ
しから課税するべきだな！

貸借にすれば贈与税は逃れられる

　親が子に家を購入してあげるような場合、本来は贈与税がかかります。相続時精算課税を使えば2,500万円までは無税で援助できますが、これは親が死亡したときに相続財産として加算しなければなりません。

　しかし、「金銭貸借」という方法を使えば、無税で親が子に家を購入してあげることができます。簡単にいえば、「住宅資金を親が子に貸す」ということにするのです。

　贈与ではなく、貸借であれば贈与税はかかりません。

　ただし、ただ単に「貸したことにする」だけでは不可です。きちんとした貸借の契約書をつくり、利子もある程度付けなくてはなりません。利子は、銀行の住宅ローン金利の一番安いものと同じ程度であれば十分です。

　親と子であっても、きちんと契約を結んでいれば「貸借」として認められます。もちろん、返済の実績もちゃんとなければなりません。返済する場合は、現金ではなく記録に残る「振込」にしたほうがいいでしょう。

　また、親子間の借金の返済に関してもちょっとした裏ワザがあります。贈与税には110万円の基礎控除があるので、毎年の返済金のうち、110万円は親から贈与してもらったことにするのです。これなら、110万円は実際に返さずとも、返したことにできます。

　たとえば、返済額を月9万円としていれば年間では108万円です。108万円を親から贈与してもらったという申告をすれば、毎月の返済は、これで賄えます。

　要は、世間一般で通用する貸借契約を結び、返済などの記録がきちんと残っていれば、親子といえども貸借契約は認められるということです。この方法は親子だけでなく祖父母と孫の間でも使えますし、他人同士の間でも使えます。

知られざる仕組みがけっこう多い
消費税

消費税には
3つの税率がある

- ☑ 消費税は生活する上で誰もが払わなくてはならない税金です。
- ☑ 消費税は原則10%。8%の軽減税率、非課税のものもあります。

消費税は間接税

消費税というのは、企業がお客さんにモノを売ったりサービスを提供したときに購入者が支払う税金です。

消費税は、日本で生活する上では誰しも払わないわけにはいきません。

何かを購入するときには、自動的に支払わなくてはならず、企業は消費税抜きでモノやサービスを売ったりはしてくれません。

消費税は、モノやサービスの価格に上乗せされ消費者が払うことになっています。しかし、実際に税金を納付するのは事業者です。負担者と納付者が異なるわけです。

このように、税金を負担する人と税金を納付する人が違う税金のことを「間接税」といいます。税金を間接的に支払うことになるからこう呼びます。

税金を負担する人と税金を納付する人が同じなのが「直接税」で、これまでの章で見てきた税金はすべて直接税です。

消費税が8%、0%になる取引

消費税は原則として10%ですが、食料品などには軽減税率が適用されており、また一部の取引は免税となることがあります。ですから消費税には3つの税率があるわけです。

消費税8%の取引

- ☀ 食料品 (持ち帰りに限る)
- ☀ アルコール以外の飲料品
- ☀ 週2回以上発行される新聞など

消費税0% (非課税) の取引

- ☀ 土地
- ☀ 有価証券、銀行券、政府紙幣、小額紙幣、硬貨、小切手、約束手形など
  ※これらを収集品として売買する場合は消費税がかかります。
- ☀ 預貯金の利子、保険料など
- ☀ 郵便切手、印紙
- ☀ 商品券、プリペイドカード
- ☀ 国、公的機関等が行う一定の事務の手数料
- ☀ 外国為替サービス
- ☀ 社会保険適用の医療費、薬代
  ※美容整形や差額ベッドの料金、市販薬などには消費税がかかります。
- ☀ 介護保険サービス、社会福祉事業のサービス
- ☀ 助産
- ☀ 火葬料や埋葬料
- ☀ 一定の身体障害者用物品
- ☀ 学校の授業料など
  ※学校教育法に規定する学校等に限ります。
- ☀ 教科書
- ☀ 居住用住宅の賃貸料
  ※1カ月未満の賃貸料には消費税がかかります。

消費税の基本情報

どういう税金？

モノやサービスを購入したときにかかる税金。

誰が負担する？

モノやサービスを購入した人（事業の過程で仕入れた商品、材料、経費などには課せられない）。

税率

10％（軽減税率8％、および免税制度がある）

税金の算出方法

モノ（サービス）の価格 × 税率

納付方法

事業者がモノ（サービス）を販売したときにお客から預かり、事業者が事業の中で支払った消費税などと清算した後に納付します。

国税or地方税？

国税と地方税の両方に分配され、さらに地方税は都道府県と市町村の両方に分配されます。国税と地方税の比率は7.8対2.2。都道府県と市町村の比率は1対1。

窓口

税務署

直接税or間接税？

間接税

41 【輸入品と消費税】

消費税を払わないで 買い物をする方法

☑ 一定金額以下の輸入品には消費税が課せられません。
☑ ただし、自分のモノを買う場合という条件が付きます。

個人の輸入品には消費税の免除規定がある

買い物をする際には必ず消費税を払わなくてはなりませんが、いくつか例外もあります。

その1つが個人の輸入品です。

本来、輸入品には消費税、関税がかかってくることになっています。それは海外の通販サイトから個人がモノを買った場合でも同じです。

しかし、個人が自分のモノを買うとき（商売用の品ではないとき）には、1回の取引が1万6666円以内であれば、消費税、関税が免除されるのです。

「個人輸入」という言葉を聞いたことがありますよね。海外の業者に直接申し込んでモノを買うことです。昨今ではネットのおかげで、海外からモノを買うことが非常に簡単になりました。

また自分で自覚していなくても、海外からモノを買っていることもあります。

たとえばネットで売られているイラストや写真などを購入することは、それほど珍しくないはずです。それらの中には海外サイトで販売されているものも多々あります。知らないうちに海外サイトから買い物をしているわけで、それはすでに立派な個人輸入なのです。

なぜ1万6666円以内であれば消費税、関税がかからないのかというと、それは次のような仕組みによります。

個人輸入には、1回の取引が1万円以内の場合、消費税、関税が免除になるという規定があります。そして輸入品の1回の取引額を判定するときには、その価額は、輸入品の購入価額の60%でいいことになっています。

1万6666円の60%は1万円以内に収まるので、1万6666円以内ならば、消費税、関税を払わなくていい、となるわけです。

消費税を免れても、海外の通販サイトからモノを買う場合、当然、送料や手数料がかかるわけですが、まとめ買いをすれば送料が割引されるなどもあり、うまくやれば送料と手数料込みでも1,000円以内で収まることもあります。

1万6000円の買い物をして、1,000円の送料や手数料を払っても、送料や手数料の割合は6%程度です。しかも海外直輸入であれば、もともとの値段がけっこう安いので、元は十分にとれるはずです。

日本語で買える海外通販サイトなども多くなっていますし、そもそも英語のサイトでも、買い物をするくらいならそれほど難しいことはありません。

個人輸入をうまく利用して、安いお金で豊かな消費生活を送っている人はけっこういるはずです。

ただし、海外のサイトですから、商品に欠陥があったり、何かトラブルがあったときには対処がかなり大変になります。

国内での買い物のようにはいかないので、その点はやはり注意が必要です。

42 【免税品と消費税】

海外で買ったモノを日本に持ち込むと消費税はどうなる？

☑ 一定金額以下の海外で買ったモノは消費税がかかりません。
☑ 免税品の課税・非課税のルールを覚えておきましょう。

 海外の免税品を20万円以上持ち込むと消費税がかかる

　海外旅行をしたときなどに現地で購入したモノには基本的に日本の税金はかかりません。

　しかし海外の免税品は、合計20万円以上を購入したときには、日本国内に持ち込むときに消費税がかかる決まりになっています。

　持ち帰った免税品が合計20万円以上の場合は、本来は入国時に消費税を払わなければなりませんが、逆に20万円以内であれば、消費税は払わなくていいのです。

　そして現地国で付加価値税など日本の消費税に当たる税金がかかっていたとしても、免税手続きをとれば免税になることが多いです。

　最近は、格安航空のチケットが広く出回るようになっていて、うまくやれば海外チケットを1万円以内で購入することも可能ですね。

　日本で20万円の買い物をした場合、消費税は2万円かかります。ですから、20万円の買い物のために1万円で海外旅行のチケットを買っても十分におつりがくるのです。

　チケットがもっと安ければ、さらにうまみは大きくなります。20万円くらいのブランドものなどを買う人は、この方法を使ってみるのも手でしょう。

chapter 8

消費税

ただし香水の場合、免税になるのは2オンス（約57ml）までです。香水の濃度が低くオーデコロン、オードトワレに分類される商品は、香水の免税範囲からは除外されます。

裏　海外の免税品を無税で20万円以上持ち帰る方法

　20万円以上の免税品でも、消費税を払わずに済む方法があります。

　実は免税品の持ち帰りは、「1つの商品について合計の値段が1万円以下のものについては消費税は課さない」ということになっているのです。

　これは商品1個の値段が1万円以下ということではなく、1つの商品の合計購入額が1万円以下ということです。

　たとえば、1,000円のチョコレート10個なら1万円以下なので消費税はかかりません。しかし、1,000円のチョコレートが11個なら1万円を超えるので消費税がかかってしまいます。

　1品目あたり1万円以下であれば、どれだけ買い物をしても免税になるというわけですが、この仕組みをうまく使えば、相当に高額な買い物でも消費税を払わずに日本に持ち帰ることができます。50万円でも100万円でも、免税になるわけですから。

　日本で100万円の買い物をすれば消費税が10万円ですが、この方法を使えば、その10万円がかからなくて済みます。高い品物の買い物には使えませんが、1万円以下の品物をたくさん買うような場合にはかなり有効だといえます。

　たとえば、1万円以下の化粧品を何種類も買ったり、1万円以下の服やアクセサリーをたくさん買うような場合ですね。ただ例外もあって、酒、たばこ、香水は別途、免税の範囲が決められています。

　また、「商売のための仕入れ商品」などは対象外です。無税で持ち込めるのは、あくまで「個人的に使うモノ」に限られます。

日本製商品を消費税抜きで買う方法

「海外旅行で買い物をするといっても、自分は別に海外でほしいものはない。ほしいのは日本の商品だよ」という人もいるでしょう。

日本の商品を消費税抜きで買うこともできます。

それは「国際空港で買い物をする」ことです。ご存じのように、国際空港で入管を通過した後には、いろんな免税ショップが待ち構えています。そこで買い物をすれば消費税を払わなくて済みます。

なぜ入管を通った後は免税になるのかというと、消費税は、国内で消費するモノ（使用するモノ）にかかる税金だからです。入管を通った後ということは、海外に持ち出すことが明確なので消費税は免税になるのです。

不思議なもので、同じ商品を同じ空港で購入した場合でも、入管を通る前と後では価格が大きく違ってきます。入管を通る前に買えば消費税がかかりますが、入管後に買えば消費税がかからないからですね。

そして、ここからがこの話のキモになるのですが、日本の空港の免税店で買ったモノを日本に持ち帰ることもあります。

その場合、本来、消費税がかかります。日本の空港で買った免税品を日本に持ち帰った場合、海外の免税品を買ったのと同じ扱いになります。

ですから、もし日本の空港で20万円以上の買い物をして、それを持ち帰った場合は消費税がかかります。しかし、20万円以内の買い物であれば消費税がかかりません。

日本の国際空港の免税店は非常に充実しています。アパレル、靴、カバン、電化製品、雑貨、ゲームソフト、CD、本、食料品、酒、薬、サプリ、たばこなどさまざまなモノがあります。酒やたばこなどは消費税だけでなく、酒税やたばこ税もかかっていない分、とても安いです。

昨今では1万円程度で海外に出ることができます。日本の国際空港の免税店で20万円分の買い物をすれば2万円分の消費税が浮くのですから、悪い話ではありませんよね。

裏 日本製商品を20万円以上持ち帰る方法

先ほど述べたように、海外で購入した免税品は、「1つの商品につき合計の値段が1万円以下のものについては消費税は課されない」ことになっており、これは日本の国際空港の免税店で購入したモノについても同じ扱いになります。

ですから、1つの商品につき1万円以下であれば、いくら購入しても消費税はかかりません。

これは使い方によっては有効です。本やCD、ゲームソフト、高級化粧品なども1つの商品につき1万円以下であれば免税になります。本はもともと割引販売されないですし、CD、高級化粧品などもあまり安売りされるものではないので、消費税を免れるだけで相当な得になります。

本が好きで毎年、何十万円分も買っているという人もいるでしょうし、化粧品代が年間何十万円もかかっているという女性も普通にいるでしょう。

そういう人が格安チケットで海外旅行をして、日本の国際空港で思う存分買い物をするのです。もし50万円分の買い物をしたとするなら5万円の消費税を免れることになります。

空港にはアパレルショップなどもたくさんありますから1万円以下の服をたくさん買うこともできますね。

43 【消費税の納付額】

預かった分から支払った分を引いて 納付する額を求める

- ☑ 消費税はお客さんが払った分の10%をそのまま納めるわけではありません。
- ☑ 事業者は預かった消費税から経費などで支払った消費税を差し引いた残額を納付します。

納付額 ＝ 預かった消費税 － 支払った消費税

消費税というのは、モノを買ったときに払っているのですから、それを受けとった事業者は消費税をそのまま税務署に納めているのではないかという印象があります。

しかし実際はそうではありません。

消費税は、事業者が「売り上げたときに預かった消費税」から、「商品やサービスを調達するときに支払った消費税」を差し引いた残額を納付することになっています。

事業者は、日々消費者から預かる消費税をプールしておき、申告の時期になったとき、仕入れなどのときに自分が支払った消費税を差し引きます。その残額を税務署に支払うのです。

たとえば、100円のパンを1個買えば消費者は10円の消費税を払わなくてはなりませんが、パン屋さんは、この10円の消費税をそのまま納めるわけではありません。パン屋さんは、パンをつくるときに小麦粉代などの材料費や水道光熱費などのさまざまな必要経費を支払っており、そのときに消費税を払っています。

100円のパンに60円の経費がかかったとすると、パン屋さんは消費税6円を払っています。これを消費者から預かった10円の消費税から差し引きます。その残額の4円を税務署に納付するというわけです。

事業者の消費税納付額の計算

消費者から預かった消費税

━ 商品をつくる(仕入れる)ときにかかった消費税

＝ 納付する消費税

　消費税の計算の基本はこのようになりますが、そもそも消費税は「国内で消費されるものだけにかかる」という建前があります。

　では輸出されるものはどうなるかといえば、輸出されるものは消費税がかかりません。

　そして輸出されるものは、国内で製造する段階で、材料費などで消費税を支払っているはずです。その分はどうなるかといえば、輸出されるときに支払った消費税が還付されることになります。これを「輸出戻し税」と呼びます。

裏　輸出戻し税は補助金？

　消費税の建前上の仕組みからいえば、輸出戻し税というのは、まっとうなものです。しかしながら、事実上、この輸出戻し税は輸出事業者の補助金になっています。

　というのも、大手の輸出メーカーの下請け企業などは、なかなか価格に消費税を転嫁できません。製造部品などの価格は、発注元と受注先企業が相談して決めるものですから、どうしても力の強い発注元の意見が通ることになり、消費税の上乗せが難しくなります。

　そうなると発注元の輸出メーカーは実際には消費税を払っていないのに輸出戻し税を受けとっていることになります。税金の名を借りた"補助金"というわけです。

消費税の課税事業者と免税事業者

- ☑ 課税事業者と免税事業者を分けるのは年間売上が1,000万円を超えるかどうか。
- ☑ 免税期間も消費税の大切なポイントです。

誰が消費税の納付を免除されている?

事業者は、消費税のかかる取引をした場合、誰もが消費税を納付する義務を負います。

しかし、消費税を納付する義務を免除されている事業者もいます。それは年間売上が1,000万円以下の事業者です。零細事業者には消費税を課さないということです。

そして、この年間売上1,000万円以下かどうかの判定は、前々年の売上が基準になります。前々年の売上が1,000万円を超えていれば消費税の「課税事業者」となり、超えていなければ「免税事業者」となります。

起業したばかりの事業者は、免税かどうかの基準となる「前々年の売上」がありません。ですから必然的に、起業してから2年間は消費税が免除されることになります。これを消費税の「免税期間」といいます。

ただし、資本金1,000万円以上の会社は起業した初年度から消費税の納税義務があります。資本金1,000万円未満の会社でも、開業当初の6カ月間の売上高が1,000万円を超え、かつ給与・賞与支払額が1,000万円を超えていた場合には翌年から消費税の納税義務が生じます。

消費税を4年間払わずに済ませる方法

　免税期間がある以上、通常は起業して最初の2年間は消費税を払わなくてもいいのですが、ある方法を使うとさらに2年間、消費税が免税になります。

　その方法とは、最初の2年間は個人事業者として事業を行い、3年目に会社を立ち上げて法人化するというものです。そうすれば、最長4年間、消費税が免除されることになります。

　なぜこうなるのかというと、税法では、同じ事業であっても、個人と会社はまったく別ものとして扱われるからです。**個人事業者と法人**
⇒ **72ページ**

　ですから、個人事業者が事業を会社化した場合、個人事業者時代に消費税の免税期間が終わっていたとしても（つまり2年以上事業を行っていたとしても）、会社化すればその免税期間はチャラになり、会社として新しく免税期間がもらえるのです。

　そのため、事業を始めて最初の2年間は個人事業で行い、3年後に会社化した場合は、4年間消費税が免除される可能性があります。

　また、個人事業者が会社をつくるのとは逆に、会社で事業を行っていた人が会社を畳んで個人事業を行うようになった場合も、同様に新しく免税期間がもらえます。

　理屈からいえば、個人事業者と会社で事業形態のスイッチを繰り返せば消費税はずっと払わなくて済むのです。しかし、これは現実的には難しいです。そこまでやれば「この事業者は消費税を逃れるためだけに個人事業と会社を使い分けている」と税務署が課税に動く可能性があります。

　ただし、課税逃れのためではなく、まっとうな理由があるのであれば、個人事業者が法人になったり、会社を解散して個人事業者になること自体は認められます。

45 【還付制度】

消費税の還付、
消費税の脱税

☑ 事業内容によっては消費税が戻ってくるケースがあります。
☑ 消費税の還付を受けるには課税事業者にならなくてはいけません。

消費税が還付されるケースがある

　170ページの輸出戻し税以外にも消費税には、還付制度があります。

　事業者が納付する消費税は、「消費者から預かった消費税」から「商品をつくる（仕入れる）ときに支払った消費税」を差し引いた残額です。

　この消費税の納付額の計算で、まれに赤字になることがあります。つまり、消費者から預かった消費税よりも、商品を調達するときに支払った消費税のほうが多い場合です。そのときに、そのマイナス分（赤字分）が還付されます。

　預かった消費税よりも、支払った消費税のほうが多くなるのは、売上より経費のほうが多くなることで、そんなことは普通あり得ないだろうと思う人もいるかもしれません。

　しかし、たとえば企業の創業時などはどうでしょう。創業時には、初期投資をしてさまざまな設備を整えなくてはなりません。どんな事業でも、最初は内装の工事、備品の購入などである程度のお金がかかります。その支払いのときには、当然、消費税が支払われています。

　そして、事業を開始したばかりのころは、売上があまりあがらないことも多いものです。売り上げたときに預かった消費税よりも、設備投資をはじめとして支払った消費税のほうが大きくなるケース

では、消費税が還付されるというわけです。

ただし、消費税の還付を受けるためには、課税事業者の届出書を出さなくてはなりません。正式には「消費税課税事業者選択届出書」といいます。171ページで事業を開始してから2年間は消費税を払わなくていいとご紹介しましたが、免税事業者になっていると消費税の還付は受けられないのです。

ですから、消費税が還付になるような場合は、あえて消費税の課税事業者になるために届出書を税務署に出すのです。

この届出書を出していれば、本来は免税期間であっても消費税の納付義務が発生し、それと同時に消費税の還付を受ける権利も発生します。

ただし、この届出書は事業開始前に出さなくてはなりません。ですから、現実に事業をやってみて消費税の計算がマイナスにならなければ義務に従って消費税を納付することになります。

裏 消費税は脱税されにくい?

消費税は、脱税されることが少ないといわれることがありますが、それは正しくありません。

消費税単独で脱税するケースが少ないだけで、事業者が所得税や法人税を脱税しているケースの多くで、消費税も連動して脱税しているのです。所得税 ⇒ 12ページ　法人税 ⇒ 94ページ

所得税や法人税の脱税の場合、86ページで述べたように、売上を少なく計上するか、経費を多くするかという方法がほとんどです。これらの方法で脱税した場合、必然的に消費税の脱税もしていることになります。

売上を隠せば、自動的にお客さんから預かった消費税の額が減りますし、経費を増やせば自動的に支払う消費税（預かった消費税から差し引かれる消費税）の額が増え、納める税金は少なくなります。

所得税や法人税を誤魔化して、消費税の申告だけは正しく行うというのはあり得ないので（そんなことをすれば所得税や法人税の脱税が発覚してしまいます）、所得税、法人税の脱税があった場合、ほとんどのケースで消費税も同時に脱税されているのです。

裏 消費税単独での脱税

　消費税単独での脱税は、たとえば次のような方法があります。本当は課税取引なのに非課税取引に見せかけて、消費税を脱税するというものです。

　消費税には、課税取引と非課税取引があり、非課税取引であれば消費税はかかりません。そこで、非課税取引に見せかけて消費税を逃れるのです。

　また、消費税の免税事業者を悪用した脱税もあります。<small>免税事業者⇒ 171ページ</small> 年間売上が1,000万円以下の事業者は消費税を納付しなくていいというものですが、この制度を悪用し、会社をいくつも分割したり、ダミーの別会社や個人名義で事業を行っているように見せかけて、1つの会社の売上が1,000万円に届かないようにして、消費税を逃れていたというケースがありました。ただし、この方法は会社を分割する合理的理由があれば、脱税にはならないこともあります。

裏 消費税はどうしても未納が多くなる

　消費税は、消費者が税を負担し、事業者がそれを預かって申告納税する仕組みになっています。事業者から見れば、消費税は他人の税金であり、原則として消費税がいくら高くなろうが自分の懐が痛むことはないという建前になっています。

　しかし、これは原則論であり、実質的には消費税は事業活動を圧迫しています。

　事業者は、消費者からいったん消費税を預かった後、後日、納税

額を申告して支払います。つまり、事業者は、他人の税金をしばらくの間預かることになるわけですが、資金繰りに窮している企業などでは、その預かっている税金を使ってしまう場合があるのです。使ってしまえば、当然、消費税が払えなくなります。

　企業が売り上げたときに預かった消費税は、帳簿上は別立てにされていても、現金には変わりないですし、自社の手持ち現金などと一緒にされていることが多いのです。給料の支払いができない、手形の決済ができないなど、企業が生きるか死ぬかの瀬戸際の、どうしても現金が必要なときには、その預かったお金に手が伸びても不思議ではありません。

　消費税の未納は、他人のお金を使ってしまうのと一緒なので窃盗のようなものです。

　しかし消費税の未納企業は、他人のお金に手を出してしまうくらいですから、資金繰りに相当困っており、税務署が取り立てに行っても、そうそう払ってくれるものではありません。

　脱税ならば、税務署が摘発すれば追徴税額が支払われるのが当たり前ですが、消費税の未納の場合はそうはいかないことが多いのです。

ドライバーはしっかり取られている！
車の税金

車はたくさんの税金を乗せて走っている

☑ 自動車には世界共通でさまざまな税金が課せられています。
☑ 日本で自動車の税金の仕組みをつくったのは田中角栄。

車には多額の税金が乗っている

自動車にもたくさんの税金が課せられています。

車を購入したことがある人ならわかると思いますが、本体価格よりもかなりたくさんのお金を払わされることになります。200万円の車を買ったはずなのに、200数十万円を払わされた、といった具合ですね。これは、車にはたくさんの税金が付随しているからです。

このことは日本に限った話ではなく、おおむねどこの国でも車にはさまざまな税金をかけています。自動車は環境に与える負荷が大きく、高額商品であることから、税金をかけることでバランスをとっているのです。また外国車に高い税金を課すということも、多くの国で行われています。

自動車の税金の仕組みは田中角栄がつくった

車にまつわる税金は、車を購入したときにかかる「自動車税環境性能割」「消費税」のほか、車を所有している人にかかる「自動車税」「自動車重量税」「ガソリン税」、また車検にかかる費用も税金のようなものといえます。

車の維持にかかる税金というのは、相当な額です。

車にかかる税金のシステムは、かの田中角栄が編み出したといわれています。車は、それなりに高い買い物で、その高い買い物に税

金を紛れ込ませるというわけです。車がもともと高額なので、購入者はそれに付随する税金の高さを甘受しがちで、あまり文句もいわずに税金を払うのです。

そして車の税金は、払わなければ車検を受けられないようになっていますから、所有者は必ず払わざるを得ません。何とも巧妙な税金です。

しかも、車検を受けさせることによって自動車の整備関連業者も儲かるのです。田中角栄は税金を取る天才といわれていましたが、まさにそのとおりだと筆者も思います。

また、車に関係する税金は、道路建設に充てられるという建前をとっていました。それが道路に関する莫大な利権を生み、巨大な税金の無駄遣いも生んできました。自動車に関する税は、よくも悪くも戦後日本政治の象徴といえるものです。

その一方で、自動車に関する税は、昨今、減税制度が相次いでつくられています。電気自動車や環境基準をクリアしたハイブリッド車などの税金は、従来よりもかなり安くなっています。

自動車にかかる税金の一覧

環境性能割	自動車を購入したとき、自動車の環境性能に応じてその年の自動車税に上乗せされる税金
自動車税	自動車を所有している人に、自動車の排気量、環境性能などに応じてかかる税金
自動車重量税	自動車を所有している人に、自動車の重量、環境性能などに応じてかかる税金
軽自動車税	軽自動車を所有している人に、軽自動車の環境性能に応じてかかる税金
消費税	自動車の購入時や車検時などにかかる税金
ガソリン税	ガソリンを給油したときにガソリンに含まれている税金

車を持っている人は
毎年納税

- ☑ 自動車税、軽自動車税は自動車、軽自動車を所有するだけで毎年払わなくてはならない税金。
- ☑ 軽自動車税は自動車税の半額以下です。

👁 毎年けっこうな額を払うことになる自動車税

「自動車税」は、自動車の所有者にかかってくる税金です。

自動車税には、「本来の自動車税」と「自動車税環境性能割」という2つの種類があります。この2つは自動車税という名称でありながら、課税方法がまったく違います。

本来の自動車税は、自動車の所有者に毎年かかる税金です。自動車税環境性能割は、従来の自動車取得税と同様の性質のものであり、購入時に一度だけ課せられます。**自動車取得税 ⇒ 184ページ**

ここでは本来の自動車税についてご紹介します。

自動車税は都道府県民税であり、都道府県税事務所に納付することになっています。税額は車の排気量に応じて2万5000円から11万円までの幅があります。令和元（2019）年の消費税増税時に10％程度軽減されていますが、それでもかなり高いといえます。

たとえば、1,800ccの自家用車なら181ページの表のように年3万6000円です。これを毎年払わなければならないので、けっこうバカにならない税金です。外国車など排気量の大きい車になると11万円も払わなくてはなりません。

👁 軽自動車税は一律1万800円

軽自動車の所有者には、自動車税は課せられませんが、その代わりに「軽自動車税」が課せられます。

自動車税が都道府県民税であるのに対し、軽自動車税は市区町村民税です。ですから市区町村に納税することになります。

　軽自動車税は一律で1万800円です。軽自動車は、普通自動車と比べて税金が半分以下ということで、税金面だけで考えるなら軽自動車が圧倒的にお得となります。

　昨今の軽自動車は、普通車とあまりそん色ない性能、安全性を備えているものも登場していますね。往来に軽自動車があふれるわけです。なお軽自動車にも、自動車税環境性能割は課されます。

自動車税と軽自動車税（乗用車）

自動車税		
総排気量		税額
1,000cc以下	（軽自動車以外）	2万5000円
1,000cc超	1,500cc以下	3万500円
1,500cc超	2,000cc以下	3万6000円
2,000cc超	2,500cc以下	4万3500円
2,500cc超	3,000cc以下	5万円
3,000cc超	3,500cc以下	5万7000円
3,500cc超	4,000cc以下	6万5500円
4,000cc超	4,500cc以下	7万5500円
4,500cc超	6,000cc以下	8万7000円
6,000cc超		11万円
軽自動車税		
総排気量		税額
660cc以下		1万800円

裏 普通車は月初めに買おう

　自動車税は、自動車の取得日をうまく調整すれば1カ月分の税金を免れることができます。

　年の途中で新車を所有した場合、自動車税は月割りで請求されることになっています。しかし、登録したその月の自動車税は免除されるのです。ですから、新車購入の際は月初めに登録すれば約1カ月分の節税になります。

　節税額は平均的な車両で3,000円前後と少額ですが、月末と月初たった1日の違いで、それだけの税金が節約できるのです。排気量の大きい車であれば、1万円近くの節税になります。

裏 軽自動車は4月2日以降に買おう

　軽自動車税も自動車税と似たような方法で節税することができます。

　自動車税と違うのは、月割り計算がないということです。軽自動車税は、4月1日に所有している人に請求されますが、年の中途で新たに購入した人には、自動車税のような月割り請求はありません。

　つまり、4月1日より後に新車を購入した場合は、その年の軽自動車税は免除されるということです。

　軽自動車税は自家用軽自動車で1万800円なので、それほど高額とはいえませんが、春先に車を買おうと思っている人は少なくないはずですから覚えておいてもらって損はないはずです。

👁 自動車税、軽自動車税の基本情報

💰 どういう税金？

　自動車税………自動車を所有しているときにかかる税金。

　軽自動車税……軽自動車を所有しているときにかかる税金。

誰が負担する？

自動車もしくは軽自動車を所有している人。

税額

普通自動車（乗用車）……排気量に応じて毎年2万5000円
～11万円

軽自動車（乗用車）………毎年1万800円

納付方法

　車の購入代金の中に税金が含まれており、購入者は購入によって納付が完了します。いったん自動車ディーラーが税金を預かってあらためて納付します。

　購入した後の年は、自動車税は毎年、都道府県から納付書が送られてきます。軽自動車税は毎年、市区町村から納付書が送られてきます。

国税or地方税？

　地方税（自動車税は都道府県民税、軽自動車税は市区町村民税）

窓口

自動車税………都道府県税事務所
軽自動車税……市区町村の軽自動車税担当課

直接税or間接税？

直接税

【環境性能割】

車を買ったときに
一度だけ納税

- ☑ 自動車を購入する際に必ず課せられる税金です。
- ☑ 令和元(2019)年の消費税増税時に自動車取得税に代わって
  設けられました。

自動車税に上乗せして一度だけ払う

「自動車税環境性能割」は、本来の自動車税とは別に、自動車を購入した際に、その年の自動車税に上乗せして払う税金のことです。

以前は、「自動車取得税」「軽自動車取得税」という税金がありましたが、令和元（2019）年の消費税増税時に廃止されました。その代わりに、自動車税にこの環境性能割が上乗せされるようになったのです。

車を買うときの購入代金に自動的に含まれていますので、購入者はこの税金を払わないで済ませるようなことはできません。

自動車の環境性能割の税率

	本来の税率	令和5年3月31日までに取得した車の税率
電気自動車など	0%	0%
燃費基準 +85%以上	0%	0%
燃費基準 +75%以上	1%	0%
燃費基準 +60%以上	2%	1%
上記以外	3%	2%

軽自動車の環境性能割の税率

	本来の税率	令和5年3月31日までに取得した車の税率
電気自動車など	0%	0%
燃費基準 ＋85%以上	0%	0%
燃費基準 ＋75%以上	0%	0%
燃費基準 ＋60%以上	1%	0%
上記以外	2%	1%

電気自動車などのエコカーは税金も安くなるし、環境にもやさしいので一挙両得というわけです。

裏 オプションを後から付けてみる

　自動車税環境性能割には抜け穴があります。

　環境性能割は、車の取得価格に対してかかってくる税金です。そのため、取得価格を下げれば税金も安くなります。

　取得価格を下げる方法の1つとして、オプションを後から付けるという方法があります。

　環境性能割は車両本体とオプションを合わせた価格に対してかかります。そのため、車を買うときにオプションをすべて付けてしまうと環境性能割は高くなります。そこで、後からオプションを付けるわけですが、後付けしても、後から環境性能割が追加でかかってくるようなことはありません。

　オプションのうち後から付けられるものは後付けにして、購入時

はなるべく車両本体のみにすれば、その分、環境性能割は安くなります。

またディーラーと価格交渉するときに、後からオプションを追加購入するので、車両の本体価格を下げてもらえないかと持ちかけてもいいかもしれません。うまくいけばさらに節税になります。

裏　下取り分を車両代金の値下げに充てる

自動車は購入時にはいろんな価格交渉が可能なものです。交渉時に税金の対象となる車両部分を優先的に下げてもらえば、自動車税環境性能割が安くなります。

車を買うときに、それまで乗っていた車をディーラーに下取りしてもらうことがよくありますが、これを利用して取得価格を下げる方法もあります。

車の購入価額と下取り価額の交渉は同時に行われることがほとんどです。その際に、「下取り価額は安くていいから、その分、車の本体価額を下げてほしい」と提案するのです。ディーラーとしては、差し引き額が変わらなければ腹は痛まないはずなので普通は応じてくれます。

なお、環境性能割の申告と納付は、通常ディーラーが代行してくれますが、自動車の本体価格とオプションを合わせたものの90％を課税価格として簡易納税することが多いです。

ディーラーによっては本体価格を機械的に申告することもあるので、値引き分などがきちんと申告に反映されているか確認をとるようにしましょう。

裏　環境性能割を半額にする方法

中古車をうまく利用すれば、自動車税環境性能割は劇的に安くなります。

中古車を買う場合も環境性能割はかかります。中古車の場合は、

新車時の価格を、経過した年月に応じた一定の計算で減額して環境性能割の基準となる価格を決めます。その価格の0～3%が、中古車の環境性能割となります。

　中古車の環境性能割の基準となる価格は、実際の中古車の価格よりもかなり低い場合が多いです。次の表のように1年落ちの場合で7割以下になり、2年落ちの場合で5割以下になります。つまり、2年落ちの車の環境性能割は新車の半額以下になるのです。

　また環境性能割は、基準となる価格が50万円を切れば免税となります。3年落ちの車は、新車時の30%程度の価格が環境性能割の基準となる価格になるので、新車時に150万円程度の車なら、3年落ちで環境性能割はかからないことになります。

　中古車の購入を考えている人は、ぜひ参考にしてください。

中古自動車の自動車税環境性能割の残価率

中古自動車の経過年数	本体価格の残価率
1年	0.681
1.5年	0.561
2年	0.464
2.5年	0.382
3年	0.316
3.5年	0.261
4年	0.215
4.5年	0.177
5年	0.146
5.5年	0.121
6年	0.100

自動車税環境性能割の基本情報

💰 どういう税金？

自動車を購入した際、その年の自動車税に上乗せされる税金。

💰 誰が負担する？

自動車を購入した人。

💰 税率

普通自動車……0 〜 3%

軽自動車、営業用自動車……0 〜 2%

💰 税金の算出方法

オプションなども含めた自動車の取得価格に税率をかけます。

💰 納付方法

車の購入代金の中に税金が含まれており、購入者は購入に
よって納付が完了します。いったん自動車ディーラーが税金を
預かってあらためて納付します。

💰 国税or地方税？

地方税（都道府県民税）

💰 窓口

都道府県税事務所

💰 直接税or間接税？

間接税

49 【自動車重量税】

買ったときと、車検のたびに納税

- ☑ 重量のほか環境性能や年式によっても税金の額が変わります。
- ☑ 国交省のサイトで税額を算出できます。

自動車重量税の仕組み

「自動車重量税」は、所有している自動車の重量に応じて課せられる税金です。購入時には、次の車検の期間までの自動車重量税を払い、その後は車検のたびに車検の期間分（1〜3年）の自動車重量税を払うシステムになっています。

税額は、自動車の重量や環境性能、年式によって細かく設定されています。たとえば普通自動車の新車購入時の3年分の自動車重量税は次のようになっています。

普通自動車・新車購入時・3年分の自動車重量税

重量	税額（環境性能などによって変動）
0.5t以下	0円〜1万2300円
〜1t以下	0円〜2万4600円
〜1.5t以下	0円〜3万6900円
〜2t以下	0円〜4万9200円
〜2.5t以下	0円〜6万1500円
〜3t以下	0円〜7万3800円

国土交通省のサイトに「次回自動車重量税額照会サービス」というコーナーがあり（検索するとすぐにヒットします）、ここに必要事項を打ち込めば自動車重量税の税額が算出されるようになっています。

どういう税金？

所有している自動車の重量に応じて課せられる税金。

誰が負担する？

自動車を所有している人。

税額

自動車の重量、環境性能、年式に応じて細かく設定されています。

納付方法

購入時は、購入代金の中に次の車検までの自動車重量税が含まれており、購入者は購入によって納付が完了します。いったん自動車ディーラーが税金を預かってあらためて納付します。

その後は、車検のたびに車検の期間分の自動車重量税を、車検を担当した整備工場に支払います。整備工場が代行して納付します。

ディーラーも整備工場も、税額分の印紙を購入することで納税します。

国税or地方税？

国税

窓口

税務署

直接税or間接税？

直接税

chapter

10

家を持ったら必ずかかる

不動産の税金

【固定資産税とは?】

家や土地を持っていると
毎年かかる

☑ 家を買ったときに一番大きい税金は固定資産税です。
☑ 固定資産税の評価額は相続税にも影響します。

家を買うとき第一に考えるべき税金

　家や土地を所有したとき、まず考えなければならない税金は「固定資産税」です。

　固定資産税は、家や土地といった「固定資産」を所有した人にかかってくる税金です。家や土地を買うと、毎年払わなくてはなりません。

　固定資産税は、家や土地の価額に応じて自動的に課せられるものです。毎年1月1日現在、家屋、土地を所有している人がその固定資産の所在する市区町村に納めます。ただし東京23区の場合は、東京都に納めることになっています。

　固定資産税の税額は、 課税標準価格 × 税率 で算出されます。税率は1.4%です。

　固定資産税のもとになる「課税標準価格」は、市区町村役所の職員が調査して決めます。課税標準価格の決定に不服がある場合は、市町村に置かれる固定資産評価審査委員会に申立てをすることもできます。

償却資産税は機械にかかる税金

　固定資産税とよく似た名称の税金に「償却資産税」があります。
　償却資産税は、「機械などの償却資産」に課せられます。
　機械などの償却資産とは、ざっくりいえば「事業用の機械」で

す。構築物、機械・装置、工具・器具および備品、船舶、航空機などの事業用資産のことで、自分で事業を行っていない人には関係ないといえます。法人税法や所得税法で、減価償却の対象となっている資産です。

ただし、自動車税や軽自動車税の対象となっているものは除かれます。<small>自動車税 ⇒ 180ページ　軽自動車税 ⇒ 180ページ</small>　また、一般の人が事業用以外の目的で所有している機械も除かれます。

相続税とも密な関係

固定資産税の課税標準価格は、相続税にも影響します。<small>相続税 ⇒ 116ページ</small>

相続税の対象となる資産を算定するとき、家などの評価額は時価が原則ですが、土地の部分は「路線価」を基準に、建物部分は「固定資産税の評価額」を基準にして決めてもいい、ということになっているのです。具体的には、相続税では「財産評価基本通達」により、土地は路線価、建物は固定資産税評価額を基準に財産評価を行うことになっています。

財産評価基本通達は、相続税の財産評価をする目安として国税庁が発したものです。法律のような絶対性はありませんが、このとおりにしていれば国税側は文句をいわないというような暗黙の了解があります。

相続税の土地の価値の基準となる路線価は、国税庁が毎年算出する、道路に面している土地の評価額のことです。

小規模な住宅地に用意されている軽減制度

固定資産税は、200㎡以下の住宅地には大幅な割引特例があります。

本来、固定資産税は、土地や建物の評価額に対して1.4%かかることになっています。

しかし住宅用の狭い土地（200㎡以下）に関しては、固定資産税は $\frac{1}{6}$ とする規定があります。住宅地の税金が高くては国民の生活を圧迫してしまうからですね。

　200㎡以下の住宅地では固定資産税が大幅割引になることを覚えておいてください。

裏　賃貸マンションの固定資産税も割引になる不思議

　この $\frac{1}{6}$ の軽減制度は、自分が住むための家を持っている人だけでなく、大規模な不動産経営をしている人にも適用されます。

　たとえば巨大マンションを棟ごと持っている人などにも適用されます。規定では、建物全体の広さではなく、1戸あたりの住宅面積が200㎡以下であればいい、ということになっているからです。

　巨大マンションであっても1部屋あたりの土地面積が200㎡以下ならば、すべての部屋に適用されます。つまり、この $\frac{1}{6}$ の規定は持ち家だけではなく、貸家、貸アパート、貸マンションにも適用されているということです。

　なぜ賃貸マンションなどにも $\frac{1}{6}$ の規定が適用されているのかというと、表向きは「貸家の固定資産税が高くなると家賃に上乗せされるから」ということになっています。しかし、実際は地主を優遇しているだけだといえます。

　貸マンションや貸アパートの固定資産税が高くなっても、それがすぐさま家賃に反映されるわけではありません。モノの値段は、経費の高低ではなく、市場価値で決まります。ですから貸家の固定資産税が高くても、市場価値が低ければ家賃は下がるのです（逆もまたしかり）。

　また貸家の固定資産税が高く、マイホームの固定資産税が安いとなれば、人々は貸家を脱してマイホームを買おうとします。となれば、ますます貸家の価値は下がり家賃は下がるはずなのです。実際、終戦直後には地主に対して高額の税金が課せられ、「貸すより

売るほうが得」という事態になったため、多くの住宅地が安く売りに出され、マイホームを手にした人が激増しました。

　普通に考えれば大地主からはしっかり税金を取っていいのです。でも、現実にそうなっていないのは彼らの政治力を無視できないという理由もあるからでしょう。そういうことは税金の世界ではよくあります。

裏　固定資産税を安くする裏ワザ

　固定資産税の基準となる評価額は役人が決めます。ですから、市区町村役所の職員が不動産の価値を低く見積もれば固定資産税は安くなるのです。そこに抜け穴が生じます。

　というのも建物の固定資産税は、市区町村役所の職員が建物を「見て」決めます。ある程度の基準は決まっていますが、最終的には職員の判断で決められるのです。

　また市区町村の職員は、建物に関する細かい資料を見るわけではありません。だいたいの印象で決めてしまうのです。その建物が豪華に見えればそれだけ評価額が高く設定されますし、貧相に見えば安くなる可能性が高いのです。

　新築住宅の場合は、外装、周辺設備などは貧弱な状態で引き渡しを受けて、固定資産税の額が決定してから、いろいろ手直しをしてもらうと固定資産税が安くなる可能性が高くなります。

　厳密には、外装、周辺設備なども固定資産税の対象になるのですが、後から追加したものまでチェックされることは、ほとんどありません。

　固定資産税は、長い間取られる税金なので、初めの評価額が大きく影響します。固定資産税の税額が1万円下がればトータルで見れば数十万円の節税になりますし、1万円上がれば数十万円の増税になります。

固定資産税の基本情報

🔍 どういう税金？
土地や建物などの固定資産を所有したときにかかる税金。

💰 誰が負担する？
土地や建物などを所有している人。

💰 税率
1.4%（軽減制度あり）

💰 税金の算出方法

土地や建物の課税標準価格 × 1.4%

💰 納付方法
市区町村から納税者本人に納付書が届き、納付書に従って納めます。

💰 国税or地方税？
地方税（市区町村民税。ただし東京23区は都民税）

💰 窓口
市区町村の固定資産税・都市計画税担当課（東京23区は都税事務所）

💰 直接税or間接税？
直接税

51 【都市計画税とは？】

市街化区域では固定資産税に 上乗せして都市計画税がかかる

☑ 都市計画税は固定資産税に付随する税金です。
☑ 都市計画税は自治体によって税率や軽減措置が異なります。

市街化区域の土地、建物に課税される

　固定資産税に付随して「都市計画税」という税金が課せられることがあります。

　都市計画税は都市計画法の「市街化区域」にある土地、建物などに課せられるものです。

　都市計画税は使途に明確な目的を持つ「目的税」であり、それは「公園・道路・下水道などの都市計画事業や土地区画整理事業に充てられること」とされています。

　固定資産税は税率が1.4%と固定されており、自治体によるばらつきはあまりないのですが、都市計画税は、各自治体によって税率などがかなり違ってきます。

　都市計画税の税率は最高が0.3%となっており、各自治体が0.3%の範囲内で自由に設定しています。

　たとえば、東京23区の都市計画税の税率は0.3%ですが、隣接する千葉県松戸市の税率は0.23%となっています。同じく東京23区に隣接する千葉県船橋市の税率は0.3%です。

　都市計画税にも軽減措置があり、だいたいどの自治体でも固定資産税と同様に小規模な住宅地において適用しています。

chapter **10** 不動産の税金

都市計画税の基本情報

どういう税金？
土地や建物などの固定資産を所有したときにかかる税金。

誰が負担する？
土地や建物などを所有している人。

税率
最高0.3%（自治体によって異なる。固定資産税と同様に軽減制度あり）

税金の算出方法

土地や建物の課税標準価格 × 税率

納付方法
市区町村から納税者本人に納付書が届き、納付書に従って納めます。

国税or地方税？
地方税（市区町村民税。ただし東京23区は都民税）

窓口
市区町村の固定資産税・都市計画税担当課（東京23区は都税事務所）

直接税or間接税？
直接税

家は年初に買おう

固定資産税に話を戻しますが、固定資産税にはまだ抜け穴があります。

固定資産税は、毎年1月1日に土地や建物を所有している人にかかってくる税金です。ですから、1月2日以降のなるべく早い時期に所有すれば、その年の固定資産税は払わなくて済むことになります。

中古の物件や土地の場合は、その年のうちに所有した期間で按分し、元の持ち主と新しい持ち主双方が固定資産税を払うことになっている場合が多く、中古物件や土地の場合は、この方法はあまり使えません。

新築の家や新築マンションの固定資産税は、所有した期間で按分することはありませんから、新築の家を買う場合は、年末に買うよりは年初に買ったほうがいいのです。12月末に家を買うのと、翌年の1月に家を買うのとでは、1年分の固定資産税が違ってきます。

ただし、住宅ローン控除を受ける場合は、住宅ローン控除を受けられる年が1年遅れることになるので注意を要します。**住宅ローン控除**
⇒ **34ページ**

192ページで固定資産の評価額に不服がある場合は申立てができると書いたが、その第一歩は市区町村の役所へ問い合わせること。東京23区なら都税事務所だ！

中古マンションの固定資産税の抜け穴

前項で、中古マンションなどの中古の物件では、固定資産税は前の持ち主と按分して払うことになるので、年初に買っても意味がな

い、ということを述べました。

中古マンションでは、固定資産税の期日に関する抜け穴はありません。

しかし、これと似たような抜け穴が存在します。

中古マンションなどの中古不動産物件を購入する場合、築年数が3の倍数プラス1のとき（4年、7年、10年など）に購入すると、固定資産税の節税になります。

固定資産税は、基準となる固定資産の価額が3年ごとに評価替えされ、3年間は同じ税金を払わなくてはなりません。

家やマンションなどの固定資産は、建てた年の翌年1月1日から固定資産税がかかるので、それから3年間、同じ税額となります。そして4年後に評価替えされ、その後も3年おきに評価替えされていきます。

中古マンションは、価格が上昇している一部のマンションを除いて、だいたい評価替えされるごとにその価値を下げていきます。ですから、評価替えされたばかりの中古マンションを買えば、固定資産税が安くなったばかりのタイミングで買えることになります。

築年数が3の倍数プラス1のときに中古マンションを買えば、固定資産の評価替えが行われた最初の年になりますから、固定資産税を安くできます。

一番損なのは、築3年がたっていない中古マンションです。新築されてからまだ一度も評価替えされていないので、新築時と同じ固定資産税を払わなくてはなりません。新しめの中古マンションを買うときは、築4年のマンションが固定資産税の面からはもっとも美味しいことになります。

家を買ったり 贈与されたときにかかる

☑ 不動産取得税は家を買ったときに1回だけ払う税金です。
☑ 固定資産税の評価により決められた額の3%か4%を納めます。

家を買ったときに1回だけかかる

　家を買ったときには、もう1つ大きな税金があります。それが「不動産取得税」です。

　不動産取得税は、土地や建物を購入したり、贈与を受けた場合、取得した側にかかる税金です。

　毎年課される固定資産税、都市計画税と違って、不動産取得税は不動産を取得したときに1回だけしか課されません。

　不動産を等価交換した場合や無償で譲渡されたときにもかかりますし、登記の変更をしないまま実質的に所有者が変わった場合にもかかります。

　税額は、土地と住宅用の建物が不動産価格の3%、住宅用以外の建物が不動産価格の4%となっています。ここでいう不動産価格は、固定資産税の評価により決められた額のことです。実際の購入価格や建築費ではないので注意してください。

　不動産取得税は、固定資産税の課税標準価格が、「土地10万円以下」「建物(新築、増築、改築)23万円以下」「建物(そのほか)12万円以下」だった場合には免除されます。

　不動産取得税は不動産を取得して30日以内に都道府県税事務所に申告、納付しなければならないことになっていますが、不動産業者を介して取得した場合は、おおむね業者が代行してくれます。

chapter

10

不動産の税金

どういう税金？

土地や建物などの固定資産を取得したときに1回だけかかる税金。

誰が負担する？

土地や建物などを取得した人。

税率

土地……3%
居住用の建物……3%
居住用以外の建物……4%

税金の算出方法

土地や建物の課税標準価格 × 税率

納付方法

不動産を取得して30日以内に都道府県税事務所に申告、納付します。

国税 or 地方税？

地方税

窓口

都道府県税事務所

直接税 or 間接税？

直接税

節税アイテムとしての
タワーマンション

☑ タワーマンションはほかの不動産物件よりも税金面でお得に
なる場合があります。
☑ 安くなる税金は、固定資産税、都市計画税、相続税。

タワーマンションはなぜ節税になる？

「タワーマンションは節税になる」という話が、雑誌などでたびたび取り上げられています。

一時期、都心部のタワーマンションは億に達するものでも、販売直後に売り切れてしまうような事態が続出していました。お金持ちがこぞって購入していたからですね。

令和元（2019）年10月に東日本を襲った台風でタワーマンションの停電や下水施設の損壊などが伝えられ、いまは若干、売れ行きが落ちているようですが、それでも人気が高いことは間違いありません。

なぜタワーマンションが節税アイテムとして注目されているのかを、ここでご説明したいと思います。

タワーマンションは、固定資産税、都市計画税、相続税の節税になります。

まず固定資産税から順にご説明します。

固定資産税は、不動産などを所有している人に対して毎年かかってくる税金でしたね。これが高いか低いかは不動産の維持費に大きく関係します。

そして、維持費の観点から見ると高級マンションは非常にすぐれものなのです。

chapter 10 不動産の税金

194ページで述べたように、200㎡以下の住宅用地では固定資産税が $\frac{1}{6}$ になるという軽減制度があります。

高級マンションの大半は、この軽減制度を受けられるのです。

マンションの土地所有面積というのは、建築面積ではありません。マンションの敷地を戸数で割ったものとなります。

ですから、実際の部屋の広さよりも、かなり小さな数値となります。マンションの場合、土地所有面積が200㎡を超えることは、あまりありません。

つまり、マンション所有の場合は、大半で土地の固定資産税が $\frac{1}{6}$ になるのです。もちろん、部屋が広かったり敷地が広いマンションでは、土地所有面積が200㎡を超え固定資産税の $\frac{1}{6}$ の軽減制度が使えないケースもあります。

そして、ここがキモなのですが、この固定資産税軽減制度の条件は、土地の広さだけです。

場所や土地の価格はまったく考慮されません。都心の一等地のマンションであっても、200㎡以下であれば $\frac{1}{6}$ になるのです。

ですから同じ金額で購入するならば、郊外に広い一戸建てを買うよりも、都心の高級マンションに住んだほうが断然、固定資産税は安くなるのです。

たとえば、郊外にある500㎡の土地に家を建てたとします。土地の価格は2億円です。しかしこの土地は200㎡を超えているので、固定資産税をまともに払わなければなりません。

一方、都心の一等地のマンションを3億円で買った人がいたとします。土地所有面積は150㎡で、土地の相当額は2億円です。マンションのこの部屋は、土地所有面積が200㎡を下回っているので、固定資産税は通常の $\frac{1}{6}$ になります。

タワーマンションの高層階はさらに節税になる

このように、高級マンション自体が固定資産税の節税アイテムと

してかなりすぐれものなのですが、タワーマンションの高層階には
さらに大きなメリットがあります。

　マンションを所有している場合、マンション全体の固定資産税
は、各所有者の所有面積割合に応じて按分されることになっていま
す。

　その按分割合には、階層の違いは考慮されません。つまり、低層
階であっても高層階であっても、所有している面積に応じて固定資
産税が課せられるのです。

　ご存じのようにタワーマンションは、低層階と高層階では販売価
格に大きな違いがあります。低層階と高層階では、場合によっては
倍近い価格差が生じることもあります。

　にもかかわらず、面積比どおりの固定資産税しかかかってこない
のです。タワーマンションの50階に住んでいても3階に住んでい
ても、同じ広さの部屋であれば同じ固定資産税しかかからないとい
うことです。

　しかも、固定資産税の評価額は、相続税の算出基準にもなってい
ます。**固定資産税と相続税 ⇒ 193ページ** ですから、高層階のマンションを
購入すれば相続税の節税にもなるということです。タワーマンショ
ンの高層階を買えば、相続税が時価の半分やそれ以下になることも
あります。それを狙ってお金持ちたちは、タワーマンションの高層
階を競うようにして買っていたのです。

📢 固定資産税の課税方法が変更された

　このタワーマンションをめぐる矛盾には税務当局も気付いてお
り、平成30（2018）年度から固定資産税の評価額が改正されまし
た。

　20階以上のマンションに関しては、階を上がるごとに評価額が
高くなるように設定されたのです。

　ざっくりいえば、1階を基準にして約0.25％ずつ上がっていきま

chapter

10

不動産の税金

205

す。ですから1階の固定資産税を100万円とするなら、おおむね次のような金額になります。

40階	110万円
20階	105万円
10階	102万5000円
2階	100万2500円
1階	100万円

　この数値を見ればわかるように、高層階の有利さはそれほど大きく揺らいではいません。1階と40階の差が、たった10%しかないのですから。

　市場価値から見れば、1階と40階の違いはわずか10%では収まりません。2倍以上の価格差が生じることもあります。

　ですから、新たな固定資産税の課税方法を適用されても、節税方法としてはまだ十分にメリットがあるということです。

　しかもこの新しい課税方法が適用されるのは、平成29（2017）年4月以降に販売されたマンションだけです。それ以前に販売されたものは、以前のままの固定資産税が適用されます。

タワーマンション高層階の相続税での注意点

　タワーマンションの高層階は、相続税についても注意しなくてはならない点があります。

　実は、相続税における不動産の評価額を「路線価」や「固定資産税の評価額」で決めるというのは、便宜上そうなっているだけで、原則は時価で換算されることになっています。

　これは、路線価を基準にして相続税を申告していても、税務署から時価で換算されて修正される恐れがあるということです。

そして、税務当局は、タワーマンション節税を快く思っておらず、明らかに節税目的のタワーマンション購入に対しては追徴税を課したことがあります。**追徴税 ⇒ 235ページ**

　しかも、この一件は裁判沙汰となり、平成23（2011）年には最高裁の判決が出されて、税務当局側の勝利となりました。

　その概要は次のとおりです。

　平成19（2007）年に、A氏がタワーマンションの高層階（30階部分）を2億9300万円で購入。翌月、A氏は死亡しました。

　遺族はすぐにタワーマンションの名義をA氏から自分たちに変更します。そして遺族は、このタワーマンションの評価額を5,800万円として相続税の申告を行いました。この5,800万円というのは路線価と固定資産税評価額によって算出したものです。

　しかし、翌年、遺族はこのタワーマンションを2億8500万円で売却しました。

　つまり、相続資産としては5,800万円しか申告していないマンションを、翌年には2億8500万円で売っているのです。相続資産を $\frac{1}{5}$ に圧縮しているわけです。

　これに対して税務当局は待ったをかけました。最初に申告した5,800万円ではなく、タワーマンションの購入価格である2億9300万円で申告するべきであるとする処分を行ったのです。

　国税に関する法律に基づく処分について裁決を行う「**国税不服審判所**」という機関がありますが、A氏の遺族は、この国税不服審判所の裁決を不服として裁判を起こしました。しかし最高裁でも税務当局の処分は有効とされました。**国税不服審判所 ⇒ 246ページ**

　この最高裁の判決には、重要なポイントがあります。A氏とその遺族のマンションの所有期間が非常に短かったことです。これにより、「明らかに節税目的の意図がある工作」と税務当局や裁判所にとらえられました。

現在のところ、「明らかに節税の意図がある場合」には、タワーマンション節税は否認されるということです。

　逆にいえば、所有期間が長く、実際に居住しているような場合は、このタワーマンション節税は、いまでも使えるということです。

　しかし「財産評価基本通達」の第6項に、「この通達の定めによって評価することが著しく不適当と認められる財産の価額は、国税庁長官の指示を受けて評価する」という文言があります。**財産評価基本通達 ⇒ 193ページ**

　つまり、路線価や固定資産税での評価額が、時価とあまりにかけ離れている場合は、いつでも税務当局によって否認される恐れがあるということです。

　節税のためにタワーマンションを買おうという人は、そのリスクを十分に認識しておかなければいけません。

投資や運用を始めたい人のための
株の税金

株や投資信託の配当は
優遇されている

- ☑ 配当金の税金は源泉分離課税か総合課税かどちらか有利な
  ほうを選択できます。
- ☑ 配当金はあらかじめ源泉徴収されます。

配当金の税金の払い方は2種類ある

　株式投資をしていたり投資信託を持っている人には定期的に配当金が送られてくるはずです。

　配当金に対する税金には、2つの申告方法があり、どちらかを選択できます。

「源泉分離課税」と「総合課税」です。

　源泉分離課税は、証券会社に特定口座を開くことで、あらかじめ税金が源泉徴収されます。そのため確定申告は不要です。

　総合課税は、投資で得た収益に、ほかの所得を合算し、自分で税金を申告するものです。

　源泉分離課税にしろ、総合課税にしろ、配当金は企業から配当された時点で税金が源泉徴収されることになっています。源泉徴収される金額は次のとおりです。

　☀ 上場企業の場合…………15.315％（プラス地方税5％）

　☀ 上場企業以外の場合……20.42％

　上場企業以外の会社の配当金は20.42％を源泉徴収されますが、地方税の5％がありませんので、上場企業の場合と実質的にほとんど変わりません。

　また、1つの会社の株を個人で3％以上保有している大口株主の

場合も、「上場企業以外の場合」に分類されて源泉徴収される金額は20.42％となっています。この大口株主の場合も地方税の5％が課されませんので、実質的にほかの株主とほとんど同様です。

日本では、本来の所得税の最高税率は45％ですが、**配当所得は分離課税となっているので、上場企業の配当金はどんなに高額であっても約15％で済みます。** 所得税の税率 ⇒ 14ページ　配当所得 ⇒ 18ページ　分離課税 ⇒ 21ページ

また**住民税（地方税）はほかの所得の場合は一律10％になっていますが、配当所得の場合は5％になっています。** 配当割 ⇒ 37ページ

配当所得における税金というのは、ほかの所得に比べてかなり優遇されているのです。

総合課税で源泉徴収だけで終わる場合

総合課税の場合、配当所得は源泉徴収されても、原則としては、ほかの所得に合算して確定申告をすることになっています。しかし、次のものについては源泉徴収だけで完結することになっています。

☀ 上場企業もしくは投資企業からの配当金

☀ 上場企業以外の場合、1回の配当金額が次の金額よりも低い場合

　10万円 × 配当計算期間の月数 ÷ 12

上場企業以外の 10万円 × 配当計算期間の月数 ÷ 12 というのは、ざっくりいえば、年間の配当金がだいたい10万円以内であれば申告しないでいいということです（必ずしもそのとおりにならない場合もあります）。

株の売買益は
ほかの所得と合算できない

☑ 株の売買における税金は配当の税金とは少し違います。
☑ 株の売買で損が出た場合は3年間繰り越しができます。

株の売買益は譲渡所得になる

株などの投資運用では、配当だけでなく、売買で収益を得ること
もありますね。

株の売買の税金は、配当の税金とはちょっと違います。株の売買
益は譲渡所得として取り扱われるのです。譲渡所得 ⇒ 20ページ

また、株の売買による利益は分離課税となっています。分離課税
ですから、確定申告をしても、ほかの所得と合算することはできま
せん。

証券会社の特定口座を使って売買した場合は、売買益から源泉徴
収されます。源泉徴収される税額は15.315%（プラス地方税5％）
です。その場合、確定申告の必要はありません。

確定申告しなければいけない場合、したほうがいい場合

ただし、次の場合は確定申告の必要が生じます。

- ☀ 証券会社の特定口座で源泉徴収を選択しなかった場合
- ☀ 証券会社の特定口座以外で株の売買をした場合
- ☀ 株の売買で損が出て損を繰り越したい場合

証券会社の特定口座で源泉徴収を選択していない場合や、証券会
社の特定口座以外で株の売買をした場合は、税金が源泉徴収されま

せん。利益が出ているのに申告をしていなければ脱税ということになりますから、これらのケースでは必ず確定申告をしなければいけません。

　売買で損が出た場合は、確定申告をすれば赤字分を3年間繰り越すことができます。この赤字の繰り越しは、確定申告をしないと受けられません。

　特定口座で源泉徴収を選択している場合は確定申告は必要ありませんが、損が出て赤字の繰り越しをしたいときには、あえて確定申告をすることもできます。

損失が出たときは積極的に確定申告

　株の売買益について確定申告をすれば1つの株で損が出たときに、ほかの株の儲けと合算して計算することができます。

　たとえば、Aの株で200万円儲けても、Bの株で200万円損したならば、所得は差し引きゼロということになります。そして、年間の合算額に赤字が生じた場合には、その赤字を翌年以降に繰り越すことができます。繰り越せるのは3年間です。

　たとえば、株の取引1年目で200万円の赤字が出たとします。2年目には一転して儲かり200万円の黒字が出たとします。この2年目の収支は、前年の赤字が繰り入れられるので、差し引きゼロになります。

　あるいは、1年目に200万円の赤字で、2年目が50万円の黒字、3年目も50万円の黒字、4年目が100万円の黒字の場合。赤字の繰り越しは3年間できるので、この場合も2年目、3年目、4年目の収支はそれぞれゼロになります。

　株の売買を行っている人で、その年に損が出た場合は忘れずに確定申告をしましょう。

配当金の源泉分離課税は得か損か

　株などの配当金は、源泉分離課税にすれば、一部の例外を除いて確定申告が必要なくなります。

　このように源泉分離課税は便利なのですが、所得税と住民税を合わせて一律約20%の税金がかかります。

　所得税は所得に応じて税率が上がる累進課税になっており、所得が330万円以下の人の税率は10%以下です。

　ですから、所得が低い人は、源泉分離課税で自動的に20.315%の税金を取られるより、自分で確定申告をして、自分の所得に応じた税率を課される総合課税のほうが税金が安くなる可能性が高いのです。

　また、自分で確定申告をする場合は「配当控除」が受けられるので、さらに税金が安くなります。詳しい計算は、証券会社にしてもらいましょう。

　証券会社で特定口座を開いていても、自分で確定申告をすることはできます。

　また、株式などの売買益は確定申告をしても総合課税にはなりません。しかし赤字が出た場合は、確定申告をすれば赤字を3年間繰り越すことができます。

配当控除は、株などの配当金を受けた場合に配当金のだいたい10%程度を税金から控除できるものです。控除される額は、配当金の額やその人の収入によって変わってきます。詳しくは税務署にお尋ねください。

株にかかる税金は世界的に見ても安い

　株の配当所得にかかる税金は、日本のそれは実は先進国の中でも安いのです。

主要国の配当課税（財務省ホームページより）

日本	20%
アメリカ	0〜20%
イギリス	7.5〜38.1%
ドイツ	26.375%
フランス	30%

　この投資家優遇税制は、昔からあったわけではありません。

　以前は、株主に支払われる配当金の税金は、ほかの所得と同様に累進課税になっており、多額の配当金をもらっている人は、ほかの所得でたくさん稼いでいる人と同様に多額の税金を納めていました。

　しかし、平成15（2003）年の税制改正で、「どれほど多額の配当金があっても所得税15％、住民税5％だけでいい」ということになったのです（3％以上保有の大口株主などへの配当を除く）。

　平成15（2003）年というと、消費税が3％から5％に増税された後のことです。国民全体には増税しておいて、株主にはこっそり大減税をしていたのです。

　なぜ株主優遇をしたのか、簡単にいえば株価を上げるためです。株価が上がれば、経済指標上では景気がよくなったことになりやすいので、名目上の好景気を演出したかったということです。

NISAの
メリットとデメリット

- ☑ NISAは最大600万円までの枠内で株の税金がゼロになります。
- ☑ 赤字の繰り越しができないのが大きな難点です。

NISAで非課税で持てる枠は最大600万円

一般の人が株式投資をする場合、有利な制度として「NISA」（少額投資非課税制度）があります。

NISAは、簡単にいえば、年間120万円までの投資であれば、そこから得た売買益や配当金（投資信託の分配金）が非課税になる、という制度です。

前述したように株の配当などには、20.315％の税金がかかることになっています。しかし、NISAを利用していればこれがゼロになるのです。

NISAは、年間120万円ずつ投資の枠がもらえ、これを5年間続けることができます。

つまり、NISAによって非課税で株や投資信託を同時に保有できる最大枠が600万円となります。

最大600万円までの投資について、そこから得た売買益や配当金（分配金）が非課税になります。

NISAは、イギリスの「ISA（個人貯蓄口座）」をモデルにしています。

イギリスは少額の個人投資を対象としたISAという制度をつくり株式市場を活性化させました。日本もそれにならったわけです。

◎◇ NISAにもデメリットがある

NISAが有効なのは5年間だけです。

たとえば、1年目に120万円の投資をしたとします。この120万円の投資で出た利益が非課税になるのは5年間だけで、6年目には税金がかかってきます。

1年目の120万円分の投資は、5年を超えてそのまま持ち続ければ税金がかかることになるわけです。

しかし6年目には、1年目の120万円の枠がなくなることで、新しく120万円の枠が1つ増えます。そこで、1年目に投資した株などを、新しい枠に取り込むという形で、そのまま持ち続けることも実は可能です。このへんはちょっとややこしいので、実際にこういうことをしたいときには証券会社に相談することをおすすめします。

売買益も配当金も非課税になるNISAですが、実はデメリットもあります。NISAが普通の投資よりも絶対に有利なのか、というとそうでもありません。

というのは、NISAは利益が出たときには非課税の恩恵を受けられますが、損が出たときの税制上の救済措置がまったくないのです。

NISAでは、赤字の繰り越しができません。 赤字の繰り越し ⇒ 213ページ NISAは、もともと税金がかからないので、その年に黒字になった場合も赤字になった場合も、どちらも税金ゼロという点は変わらず、赤字を翌年以降に持ち越すことができません。

NISAは、少数の株を長期間持っていて配当金で収入を得たいというような人には向いていますが、株の売買を頻繁に行って利ザヤを稼ぎたい人には必ずしも向いているとはいえないのです。

つみたてNISAは
どんな人に向いている?

- ☑ つみたてNISAの最大枠は800万円。
- ☑ つみたてNISAと従来のNISAを同時利用することはできません。

非課税枠が拡大した「つみたてNISA」

平成30（2018）年から従来のNISAに加えて「つみたてNISA」という制度がつくられました。

つみたてNISAは、従来のNISAよりも1年間あたりの投資額の上限を少なくし、その代わり投資期間を大幅に伸ばし、長期にわたって投資できるようにしたものです。

非課税となる投資枠が年間40万円で、投資期間は最長20年となっています。

非課税の投資枠が従来のNISAの $\frac{1}{3}$ になっている一方で、投資期間は4倍の20年になっています。

全期間の投資枠は、40万円かける20年間で最大800万円となります。従来のNISAの600万円よりも拡大しているのです。

長期的な安定株主を増やしたい思惑がありそうだ。安定株主が増えれば株価が急落しにくくなるし経済指標にもプラスになるからな。

投資先が限られている

これだけを見ると、配当を重視するような投資家には非常に有利

な制度のようにも見えます。

しかし、このつみたてNISAは従来のNISAと比べて大きな欠陥があります。

それは、つみたてNISAは投資できる商品が限られている、ということです。

つみたてNISAでは、個別の会社の株を売買することはできず、金融庁が承認した投資信託のみにしか投資できません。

もちろん金融庁が厳選しているわけですから、とんでもない痛手を被るような投資信託は含まれていないと思われますが、そうはいっても投資の結果は自己責任であることは、つみたてNISAでも変わりません。

NISAと、つみたてNISAの同時利用はできない

そして、従来のNISAとつみたてNISAは同時に併用することはできません。つみたてNISAを選択した人は、その年は従来のNISAは使えませんし、従来のNISAを選択した人も、その年はつみたてNISAは使えません。年ごとに、どちらかを選択することになります。

つみたてNISAは、長期間にわたって安定的に積立投資をするときには適しているといえますが、自分の力で運用できる範囲は非常に狭くなります。自分の裁量で投資先を選びたいというような人は従来のNISAを選び、できるだけ安全な投資を積立式でやりたいという人はつみたてNISAにするのがいいでしょう。

NISAやつみたてNISAを始めるには、証券会社や銀行に口座を持っているだけではダメで、専用のNISA口座をつくらなければいけません。

いったん証券会社や銀行でNISA口座をつくってから、ほかの会社に乗り換えて新たにNISA口座をつくろうとすると非常に面倒な手続きが必要になります。このことは覚えておいてください。

確定拠出年金も
税金がゼロになる

- ☑ 確定拠出年金に加入すると売買益や配当金の税金がゼロに
  なります。
- ☑ 確定拠出年金に掛けたお金は全額、所得控除できます。

自分で年金を育てていく

　株に関する税金を安くする方法として、「確定拠出年金」を使う
方法もあります。

　確定拠出年金は、一言でいえば「個人的に年金に入れる」制度で
す。各人に設定された限度額の中で掛金を自由に設定し、その掛金
を年金として受けとります。

　通常の年金と違うところは、掛金を自分で投資運用して、その運
用益を年金に充てることです。

　投資先は、まったく自由に決められるわけではなく、確定拠出年
金を扱うそれぞれの金融機関があらかじめ決めている運用商品の中
から購入しなければなりません。

　運用商品にはそれなりに種類があり、それを選別したり売買した
りすることで、株の取引に近いような資産運用をすることができま
す。

　そして、売買益や配当金（分配金）には税金がかかりません。投
資をして儲かったり、配当金をもらっても、そこに税金は課されな
いのです。この部分はNISAと同じですね。

　そして、確定拠出年金にはもう1つ大きな特徴があります。それ
は、掛金が所得控除の対象になるということです。

　確定拠出年金に掛けた金額は、所得控除の中の「小規模企業共済
等掛金控除」として全額をその年の所得から差し引くことができま

す。 所得控除 ⇒ 23ページ　小規模企業共済等掛金控除 ⇒ 31ページ

NISAよりも税金面では有利

　確定拠出年金は、税金の上ではNISAよりも圧倒的に有利です。NISAで投資する場合、投資するお金というのは、所得税、住民税がかかっています。

　たとえば、給料の中から年間50万円を投資するとした場合、この50万円は所得税と住民税が課せられた後の残額です。平均的なサラリーマンで、所得税、住民税は15％程度かかっていますから、50万円の投資資金を捻出するには60万円程度の給料を割くことになります。

　一方、確定拠出年金の場合は、投資するお金には、まったく税金がかかっていません。50万円を投資する場合は、50万円の給料を割くだけでいいのです。

　しかも、NISAは売買益や配当金などの運用益については非課税となっていますが、「5年間（20年間）」「600万円（800万円）」といった縛りがあります。

　確定拠出年金にはそういう縛りはありません。確定拠出年金として認められたものであれば、何年間だろうと、何千万円だろうと、運用益には税金がかからないのです。

　NISAと確定拠出年金を比べた際の確定拠出年金の最大のデメリットは、「あくまで年金である」ことです。年金ですから、確定拠出年金はいつでも自由に引き出して使うようなことはできません。

　ですから、将来の年金蓄積のためではなく、純粋に現在の投資目的という人は、選ぶべきはNISAということになります。

掛金を自分で出すか、会社に出してもらうか

☑ 個人型確定拠出年金と企業型確定拠出年金の2種類があります。
☑ 確定拠出年金は各人の状況によって掛けられる限度額が決まっています。

自分の掛金の限度額を知ろう

確定拠出年金は、もともとは企業年金を持たない中小企業に勤める人や、自営業者、個人事業者のためにつくられた制度です。それが、平成29（2017）年の改正を受けて、大幅に対象者が拡大され、ほとんどの人が加入できるようになりました。

とはいえ、確定拠出年金はすべての人が同じ条件というわけではなく、サラリーマン、主婦、公務員など各人の状況によって掛金の限度額が決められています。

サラリーマンの中でも、会社が企業年金に加入しているかどうかなどで限度額が変わってきます。

会社がまるごと確定拠出年金に加入していることもありますし、その場合でも、社員が個人で加入できる枠があったりするなど、かなりややこしいです。

確定拠出年金に加入するには、まず自分の限度額を知ることから始めなければなりません。

確定拠出年金は2種類ある

確定拠出年金には、会社が加入する「企業型確定拠出年金」と、個人が加入する「個人型確定拠出年金」の2種類があります。

企業型確定拠出年金は、会社が社員のために掛金を拠出し年金として運用するものです。会社が、金融機関を窓口にして確定拠出年

金に加入します。

この企業型確定拠出年金は、個人では入れません。会社が企業型確定拠出年金に入っていなければ、個人で利用することはできないということです。

掛金も会社が決めます。会社が掛けた掛金を社員が自分で投資運用することになります。

企業型確定拠出年金の場合は、金融機関に自分で行って加入手続きをするようなことはありません。ただし、投資先は会社がある程度、運用商品を絞って選択しており、その中から社員が投資先を選ぶことになります。

企業型確定拠出年金に加入している会社は、社員にそれを通知しているはずですから、当然、社員もそのことを知っているはずです。

もし通知されていないのなら、あなたの会社は企業型確定拠出年金に加入していないということです。

また、企業型確定拠出年金に加入している会社の社員でも、掛金を個人的に上乗せすることができます。ですから、会社が掛けている確定拠出年金だけでは足りない、もっと投資運用したいという人は、さらに掛け増すことができます。

一方、個人型確定拠出年金というのは、個人として確定拠出年金に加入し、個人で投資運用するものです。

最近は「個人型確定拠出年金」という名称よりも「iDeCo」の愛称のほうがおなじみですね。

個人型確定拠出年金は、各人が金融機関とやりとりして加入契約することになります。

もちろん、運用商品の選択も、その金融機関が取り扱っている商品の中で自分で行うことになります。

個人型確定拠出年金は、次のような仕組みになっています。

自分で運用

個人型確定拠出年金は、個人が加入し、運用も加入した個人が自分で行います。

運用する金融商品は、それぞれの金融機関が預貯金、保険商品、投資信託、信託などさまざまな商品をラインナップしていますので、その中から選択することになります。運用に自信がないという人には、元本保証型の商品もあります。

掛金は全額、所得控除対象となる

個人型確定拠出年金に掛けた掛金は、全額が所得控除の対象になります。これにより所得税、住民税が安くなります。

引き出しは60歳までできない

個人型確定拠出年金は、「年金」ですから原則として60歳になるまで引き出すことができません。年金だからこそ、税金面で多大な優遇措置があるわけです。

掛金の額は途中で変更することができる

掛金の額は年に1回変更することができます。加入した後、掛金が大きすぎて生活に負担がかかるような場合、もしくはもっと掛け増したいと思った場合には、自分の収入に応じて変更できます。

手数料などがかかる

個人型確定拠出年金は、加入して運用商品を申し込むときに手数料がかかったり、口座管理費などがかかったりします。確定拠出年

金は、契約した金融機関に依頼するという形になっているからです。

　手数料などは、金融機関によって多い少ないがあります。企業型確定拠出年金でも手数料はかかっていますが、それは会社が払っているもので、社員個人の負担にはなりません。

　手数料などは、契約した金融機関のほか、国民年金基金連合会でも確認できます。

「個人型」は人によって限度額が違う

　個人型確定拠出年金の掛金の限度額は次のようになっています。

自営業など （サラリーマン、主婦以外）	月額6万8000円
専業主婦（主夫）	月額2万3000円
公務員	月額1万2000円

個人型確定拠出年金に加入する場合、窓口になる金融機関は慎重に選びましょう。金融機関によって若干、条件が変わってきますし、途中で金融機関を変更するには煩わしい手続きが必要になるからです。

1社だけの話を聞いて即決で加入するなんてことはやめたほうがいいぞ。

サラリーマンの場合

企業年金も企業型確定拠出年金もない会社に勤めるサラリーマン	月額2万3000円
企業年金はないが企業型確定拠出年金がある会社に勤めるサラリーマン	月額2万円
企業年金も企業型確定拠出年金もあるが個人拠出ができる会社に勤めるサラリーマン	月額1万2000円
企業年金も企業型確定拠出年金もあり個人拠出ができない会社に勤めるサラリーマン	加入できない

個人型確定拠出年金の掛金は最低額が5,000円以上で、後は1,000円単位で任意に設定できます。掛金の額は毎年12月から翌年11月の間で1回のみ変更することができます。

お金を受けとる方法は6種類

確定拠出年金は、原則として60歳以上になったときに受給できるようになります。この受給の条件は、個人型確定拠出年金も企業型確定拠出年金も同じです。

受給の方法は次の6通りです。

老齢給付金（年金）

受給資格が生じたとき（10年以上加入の場合は60歳以上）、年金として受給します。この老齢給付金については、公的年金と同様の税金優遇措置があります。**公的年金の場合 ⇒ 20ページ**

老齢給付金（一時金）

受給資格が生じたとき（10年以上加入の場合は60歳以上）、全額を一時金として受給します。この一時金については、退職所得として税金優遇措置があります。**退職所得 ⇒ 19ページ**

障害給付金（年金）

高度障害を負ったときに、年金として受給できます。受給金は非課税です。

障害給付金（一時金）

高度障害を負ったときに、一時金として受給できます。受給金額は非課税です。

障害給付金は60歳未満であっても受給できます。

死亡一時金

受給する前に本人が亡くなったとき、遺族が一時金として受給します。これは相続財産としてカウントされ、相続税の対象になります。相続税 ⇒ 116ページ

相続税 ⇒ 116ページ

脱退一時金

一定の条件で確定拠出年金から脱退するときに一時金として受給するものです。一時所得として課税され、特別控除（年額最高50万円）が適用されます。一時所得 ⇒ 21ページ

一時所得 ⇒ 21ページ

確定拠出年金は掛けるお金も受けとるお金も税金面で優遇されています。
老後資金を貯めようと思っている人は、まず確定拠出年金を検討しましょう。

chapter
11
株の税金

次に、企業型確定拠出年金の仕組みについてご説明します。

企業型確定拠出年金は、いってみれば企業年金の「進化系」のようなものです。

大企業は、厚生年金のほかに独自の企業年金をつくっているところが多いものです。企業年金の基本は、企業が掛金を出すシステムです。厚生年金では足りない部分を会社独自の企業年金で補おうということですね。

その企業年金の中に、個人の自助努力による資産形成を組み込んだのが、企業型確定拠出年金だといえます。

企業年金と企業型確定拠出年金では、明確に違う点があります。

企業年金は会社が社員のために積み立てているものですが、原則として「会社のお金」という建前があります。退職まで会社のために貢献した社員が、その褒賞としてもらえるものです。途中で退社したり、会社がつぶれたりしたら、ほとんどの場合もらえなくなるものです。

一方で、企業型確定拠出年金の場合は、会社は社員ごとの口座をつくってそこに年金を積み立てています。ですから、退社した場合でも、その口座に積み立てられた年金は、原則としてその社員のものということになります。会社が倒産しても、その口座は残ります。

確定拠出年金のほうが、より社員寄りといえます。

企業型確定拠出年金の仕組みは次のようになっています。

会社が掛金を負担する

会社が毎月、一定の掛金を社員の個人別口座に拠出します。この

口座は明確に区分されており、原則としてその社員個人の年金資産
になります。

🏷 運用は社員が自分で行う

社員は、会社が用意した商品の中から運用商品を自分で選択し、
会社が出してくれた拠出金で購入します。その掛金と運用益が、自
分の年金資産になります。

🏷 年金か一時金として受給する

蓄積されたお金は、原則として60歳になったら、年金または一
時金として受けとることができます。226ページで述べたように、
受給の方法は個人型でも企業型でも同じ6通りです。転職で会社を
移った場合には、口座を持ち出すことができます。

企業型確定拠出年金は、会社が加入するといっても、企業年金の
ように会社が運用まで行うわけではありません。

会社は金融機関を通じて確定拠出年金に加入し、掛金までは支
払ってくれます。そこで掛けられた各人の年金資産は、各人が自分
で運用しなくてはなりません。

金融機関が用意してくれた運用商品の中から、自分で適切と思う
ものを選択し、運用していきます。うまくいけば年金資産は大きく
なりますし、失敗すれば損をすることになります。

裏 確定拠出年金はなぜ手数料が高いのか？

いいことばかりのように思える確定拠出年金ですが、実は落とし
穴があります。

手数料が異常に高いのです。

まず、確定拠出年金に加入した場合、口座開設手数料として
2,829円を払わなければなりません。また毎月の手数料も数百円か

ら数千円かかります。

　実はこの手数料の大半は、窓口の金融機関ではなく、国の機関がぶんどっているのです。口座開設手数料2,829円と毎月105円の口座管理費を「国民年金基金連合会」という機関が徴収しています。

　しかし、国民年金基金連合会に支払っているこの手数料は、なぜ必要なのかまったく意味がわからないものです。

　確定拠出年金は、窓口となっている金融機関が、掛金の預かり、運用の手続きなどすべて行ってくれます。国民年金基金連合会が行う業務などは事実上ないのです。

　確定拠出年金は、加入することによって数万円の節税になります。しかし国と金融機関への手数料が年間数千円かかるので、節税額のかなりの部分が手数料で消えてしまうことになります。

　この手数料の受取先である国民年金基金連合会は、厚生労働省などの天下り先になっている機関です。こういう仕組みは、なにも確定拠出年金に限ったものではありません。国民生活のあらゆる部分に及ぶものです。

　霞が関の官僚たちは国民にとって必要な制度をつくるとき、必ずピンハネする仕組みも一緒につくって、自分たちに利益を誘導しているというわけです。

日本人はお人よしだから黙っていても政治家や官僚はちゃんとやってくれていると思っている。でも実際は国民がしっかり監視していなけりゃデタラメなことをするもんだ！

知ってしまえば怖くない！
税務署の実態

60 【税務署とは？】

5万人を擁して国税を取り扱う巨大組織

☑ 税金を管轄する役所は、税務署、都道府県税事務所、市区町村の税務課などがあります。
☑ その中で税務署は国税を担当する官庁です。

🔍 国税と地方税の違い

税金の役所というと、税務署を思い浮かべる人が多いはずです。ですが、都道府県税事務所に税金を納めに行った経験のある人もいるでしょう。また、市区町村役所の市民税課に手続きに行ったことのある人も多いはずです。

税金の管轄関係は一体どうなっているのでしょうか。そのへんを整理してみましょう。

税金は、「国税」と「地方税」の2種類があります。

国税というのは、国が徴収して使用する税金のことで、所得税、法人税、消費税（の7割8分）などです。消費税の国税と地方税の比率 ⇒ 162ページ

地方税というのは、都道府県や市区町村が徴収して使用する税金のことで、自動車税や固定資産税などがあります。

地方税は、都道府県税事務所や市区町村の税務課が管理しています。そして、国税を管理しているのが国税庁なのです。

国税庁は財務省の外局で、全国11の国税局と1つの国税事務所（沖縄）を管轄しています。各国税局のもとには524の税務署があります。そして約5万人の税務署員が勤務しています。

国税庁というのは、税務署の親玉的な存在です。国税の組織の中の総本部が国税庁であり、税務署はその末端組織ということになります。

ところで税務署というと、多くの人が「怖い存在」だと思っています。その一方で、都道府県税事務所や市区町村の税務課はそれほど恐れられていません。この違いは何なのでしょうか。

まず組織としての大きさに違いがあります。税務署は全国500カ所以上あり、5万人にのぼる税務専門の職員がいます。

一方、都道府県税事務所や市区町村の税務課には「税務専門の職員」はほとんどいません。地方税は専門の税務職員がいるわけではなく、都道府県や市区町村の職員が業務の1つとして扱っているに過ぎません。

そしてもっとも大きな要因は、税金の構造にあります。

日本の税金は、国税が中心になっており、国税の税額が決まると地方税も自動的に決まることになっているものが多いのです。

たとえば、国税である所得税の税額が決まれば、住民税もほぼ自動的に決まります。これは法人税と法人住民税にも同様の連動があり、消費税にしてもそうです。**法人住民税 ⇒ 94ページ**

そして、納税者が行った申告が正しいかどうかのチェックや税務調査などは、税務署以外はあまり行っていません。

地方税だけでも税務調査はできるのですが、市区町村の税務担当者が独自に税務調査をするようなことはほとんどないのです。軽油引取税などの調査を都道府県で独自に行うこともありますが、大半の税金に関する調査は税務署が行っているのです。

chapter
12
税務署

市区町村の役人は税金担当になることをみんな嫌がるんだよ。税金の担当は市民から文句をいわれることが多い。だから税務調査なんかもあまりしたくないのさ。

税務調査の
表と裏

☑ 税務調査の本来の目的は、納税者の申告の誤りを正すこと。
☑ しかし実態は追徴税を取ることが目的になっています。

 税務調査は何のために行われる？

　事業をしている人や遺産を相続した人などに、税務署が税務調査をすることが時々あります。

　この税務調査は、どういう目的で行われているかについてご説明しましょう。

　税務調査というのは、納税者が提出した申告書に不審な点があるときに、それを確認するために行われる、というのが表向きの目的になっています。

　もちろん、それも税務調査の目的の1つではあります。しかし本当の目的はそうではありません。

　本当の目的は、「追徴税を稼ぐこと」です。

　実は税務署の調査官は、追徴税をどれだけ稼ぐかで仕事が評価されます。ですから、必然的に納税者から追徴税を取ることが目的とされるのです。

　筆者が税務署員だったころは、各人の追徴税の額などの調査実績を表にして職員全員が回覧していました。保険の営業所などで営業職員たちの契約獲得件数が棒グラフになっていたりしますが、あれと同じようなものです。

　ですから税務調査というのは、「追徴税を稼ぐ」という方向で進められていると思ったほうがいいのです。

税務署の調査官というのは、追徴税をあげることが最大の責務とされているわけで、かわいそうな職業でもあります。「公平で円滑な税務行政を行うこと」などという建前はあっても、現場の人間が実際に求められるのは、「税金をどれだけ稼ぐか」ということです。

追徴税の種類	追徴される理由
無申告加算税	定められた期限内に申告をしなかった
過少申告加算税	納税額が本来の税額よりも過少で、追加の税金が発生した
不納付加算税	事業者が社員の給与から天引きした源泉徴収税を期限内に払わなかった
重加算税	申告内容に不正が認められた

　追徴税が少なければ上司に叱責されたり先輩に厳しく指導され、自分の給料よりも取ってきた追徴税が少ない場合は、「給料泥棒」だとか「お前は国家に損失を与えている」などとなじられたりもします。

　追徴税の獲得は、個人個人に課せられているだけではなく、部門間や税務署同士でも競い合いがあります。そして、大きな追徴税を取ってきた調査官たちは「優秀事績」として発表され、表彰されます。

　ここまでされれば、調査官たちは嫌でも追徴税稼ぎに没頭しなければならなくなります。筆者が現場にいたのはだいぶ前のことなので、いまは変わっているかもしれないとも思ったのですが、後輩の調査官に聞くといまも昔もまったく変わらないようです。

　国税庁は、公式には「税務職員にはノルマなど課していない」としていますが、追徴税をたくさん取ってきた者が出世している現実がありますから、ノルマは厳然としてあるといえるのです。

chapter **12** 税務署

税務調査は
どういうときに行われるのか?

- ☑ 税務署も申告書を見ただけでは、それが正しいかどうかわかりません。
- ☑ 一定期間、黒字で営業を続けている場合は、数年に一度は税務調査があります。

 「不審な点があるから調査」ではない

　税務調査というのは、表向きは納税者の申告が正しいかどうかをチェックする作業のことです。

　誤解されやすいのですが、「税務調査される」ことと「税金を誤魔化している」ことはイコールではありません。一般の見方では、税務署が入るというと、どうしても「脱税」のイメージを持たれることが多いようです。

　税務調査はどういうときに行われるのかというと、原則としては「申告書に不審な点があったとき」ということになっています。しかし実際のところはそのとおりではありません。

　税務署は、1年間に一定の件数の税務調査をしなければならないことになっています。新たな年度が始まる前につくられる「事務計画」で、税務調査する件数が決められているのです。その件数をこなすためには、「不審な点がある申告書」だけを調査していても足りません。

　また申告書というのは、それを見ただけで正しいかどうかがわかるものではありません。

　実際に納税者のところに行って帳簿や関係書類を見せてもらったり、事業の状況などを聞かせてもらったりしないと本当のところはわからないのです。

　そのため、不審な点があるかどうかは別として、ある程度の規模

で順調に事業を続けている事業者には、だいたい数年おきに税務調査をすることになります。

🔧 どんな人に調査が行われるのか？

ただし、もちろん黒字業者すべてに税務調査が行われるわけではありません。

事業者のすべてに税務調査を行えるほど税務署の人員は多くありませんから、ある程度は申告書を見て調査対象者の範囲を絞り、税務調査をする事業者を選ぶことになります。

税務署はどういう基準で税務調査をする事業者を選ぶかというと、まずは売上などの規模が小さい事業者は除外される傾向にあります。

ただし、これは地域によってばらつきがあります。都心部では事業者が多いので、相当の売上があっても調査対象から外される場合もあります。

一方、地方では事業者が少ないので、売上の規模が小さくても調査対象になることがあります。また、売上の規模が小さくても、何らかの不審な点などがあれば当然、調査の対象になります。

口コミなども調査選定の材料になります。「あの店は繁盛している」という噂があるのに申告額がかんばしくない事業者などは税務調査の対象になりやすいです。

例年と比べて数値の変動が大きい事業者も税務調査の対象になりやすいといえます。たとえば急に売上が増えているのに利益があまり出ていない事業者、急に売上が増え人件費も増えたような事業者などです。

そういう事業者は、申告書にその理由を詳しく書き記しておくと調査選定から外されることもあります。税務署も無駄な調査はしたくないので詳しい情報を求めています。事前に自ら情報が開示されていればターゲットから外すこともあるわけです。

税務署の調査を
必要以上に恐れなくていい

☑ 税務調査のほとんどは「任意」で行われる調査です。
☑ 「マルサ」の調査は税務調査のほんの一部に過ぎません。

強制的に行われる調査は年間200件程度

　税務調査というと、映画やドラマに出てくるマルサの調査のように、大勢の男たちがいきなり乗り込んできて、逮捕令状のようなものを示して、あらゆるものを洗いざらい捜索する、というようなイメージを持っている人も多いようです。

　しかし、これは大きな誤解です。

　映画やドラマで時々とりあげられる「マルサ」というのは、国税庁の中の組織の1つ「調査査察部」のことです。この調査査察部は、裁判所で起訴される、高額で悪質な税務に関する事案を専門に扱う部署です。

　「脱税」と一口にいわれますが、世間一般で思われているほど、脱税というのは多くありません。

　脱税は、悪質で高額な税逃れ行為を指すもので、刑事事件として有罪になったもののことです。これは、年間でだいたい200件くらいしかありません。

　世間では、ちょっとでも税逃れをしていれば「脱税」といわれますが、専門用語としての脱税というのは、非常に範囲が狭いものなのです。

　そして、この犯罪としての脱税を専門に扱っているのが「マルサ」(調査査察部) なのです。

　このマルサの調査では、確かに映画さながらに大勢の男たちが被

疑者宅に乗り込んでいって、段ボール箱何十個分もの資料を押収したり、金庫や屋根裏に隠されている金の延べ板などの金目のものを見つけ出したりします。

彼らは調査に入る前に、裁判所から許可状をもらっていますので、脱税に関する調査のためなら無条件で何でも調べられます。バーナーでドアの鍵を焼き切ったり、ドリルで床下を開けたりすることだってできます。

もちろん、裁判所の許可を得るためには、証拠固めをしなければなりません。あらかじめ情報を集めて、十分な裏どりをして、「この人は巨額の脱税をしている」ことの確からしさを提示することで、裁判所が「ならば徹底的に調べていいでしょう」という許可を与えるわけです。

任意の調査でも納税者は質問に必ず答えなくてはならない

このマルサが行う「強制調査」は税務当局が担う仕事のごくごく一部です。

世にいわれる税務調査のほとんどはマルサが出張ってくる強制調査ではなく、納税者の同意のもとに行われる「任意調査」です。

任意調査というのは、簡単にいえば、税務署の調査官が何を調べるにもまず「これを見てもいいですか？」と納税者に確認してから行う調査のことです。納税者が「ダメだ」と言い張れば何もできません。

とはいえ税務署がやってきたとき、納税者はただただ全部ノーと言い張っていれば調査を回避できるかというと、これもそうではありません。

少しややこしい話なのですが、任意調査は、納税者の同意が原則であり、納税者の同意がなければ何も調べることはできません。その一方で、税務署の調査官には「質問検査権」というものがあり、納税者には「受忍義務」というものがあるのです。

chapter **12** 税務署

239

質問検査権というのは、税金に関係することならば、調査官はどんなことでも質問していい、というものです。

納税者の受忍義務というのは、調査官が発した質問に対して納税者は必ず答えなければならない、というものです。

警察から任意同行を要請された場合や逮捕された場合でも、市民には都合の悪いことは話さなくてもいい黙秘権があります。

しかし、税務調査においては、納税者に黙秘権はありません。納税者は、調査官の質問に必ず誠実に答えなければならず、もしその義務を怠れば、ペナルティが課せられることもあるのです。

質問検査権というのは、それほど強力なものなのです。ですから税務署の調査官は、任意調査だけれども、納税者に対して疑問点があればとことん追及することができます。

納税者は、税金に関係しない質問には答える必要などありませんし、もし税金にまったく関係のないことを調査しようとすれば、はっきりと拒否することができます。

しかし、税金に関する質問であれば拒否することはできません。ですから見方によっては「警察よりも税務署のほうが怖い」ともいえるのかもしれません。

納税者の同意ありきで、仕事に支障のない範囲で行われる

調査官は質問検査権という強い権利を持っていて、税務調査を受けた納税者はそれに従わなければならない、ということを述べました。

ただし、税務署が税務調査に来た場合、納税者は必ずそれを受けなければならないわけではありません。

通常行われる税務調査は、納税者の同意を得て行われる任意調査です。

税務署の調査官がいつ税務調査にやってきても、納税者はそれに応えなければならないのであれば、納税者の負担は相当大きくなり

ます。納税者は調査官からの税金に関する質問には答えなければならないけれど、それは事業や生活に支障のない範囲で行われることが暗黙のルールになっています。

調査の日は変更することもできる

任意調査では、通常、事前に税務署から「何月何日に税務調査をしたい」という通知が来ます。

しかし、それは決定事項ではなく、税務署側からの打診に過ぎないものです。ですから、もしその日の都合が悪ければ予定を変更してもらうことも可能です。

ただし、「都合がつかない」といい続けて、税務調査を回避するようなことはできません。それでは「税金に関して誠実に回答する」という義務を怠ったことになりますからね。

つまり「無条件に税務調査を受ける義務はない」けれども、「忙しさにかまけていつまでも税務調査を回避することはできない」ということです。

任意調査でも抜き打ちで調査されることもある

税務調査のほとんどは任意調査で、事前に予告があるのが一般的です。

しかし、任意調査であっても予告なしで行われる場合もあります。条件付きで予告なしでの抜き打ち調査が認められているのです。

その条件は、「現金商売などの場合」です。

現金商売は、不特定多数の顧客を相手に現金で商売する業種、つまり小売業やサービス業などを指します。これらの業種では、悪意のある人が売り上げたお金を隠してしまえば、どこにも記録が残らず簡単に脱税が成立してしまう恐れがあるので、特別に抜き打ち調査をすることが認められているのです。

税務調査で
泣きを見ないために

☑ 調査官は「追徴税を取ることが仕事」とあらためて頭に入れましょう。
☑ 納税者側が「白」を証明する義務はありません。

税務調査では明らかな証拠がなければ否認できない

実は、税務署の調査官は、納税者の無知につけこんで追徴税を認めさせようとすることが少なからずあります。

調査官が申告漏れなどを指摘するときに、調査官側に明確な証拠がない場合があります。

つまり白か黒かはっきりしないようなケースです。その場合、納税者としては自分の潔白を自分で証明しなければならないような気持ちになってしまいます。

しかし、税法上、納税者は自分の潔白を証明する必要はないのです。

日本の税制は申告納税制度という建前をとっています。「税金は納税者が自分で申告して自分で納める」というものですね。

この制度のもとでは、税務当局は申告に明らかな誤りがあったときにのみ是正できるのです。

ですから税金で白か黒かの対立点があった場合、納税者は「それは潔白だ」という証明はしなくていいのです。もし白ではなく黒と否認するのであれば、調査官が「それは黒だ」と証明する必要があります。

これが原則なのですが、調査官はさも納税者側に無実の証明義務があるかのように振る舞うことがあります。

心してください。

調査官の言いなりになるのは、よい結果にはつながりません。税務署の調査官は追徴税を獲得することをノルマとされていますから、どうにかして追徴税を取りたいのです。

残念なことですが、本当は申告漏れではないのに、納税者を口車に乗せて追徴税をせしめようとする調査官もいます。

税務署の調査官というと、法律にのっとって淡々と業務処理をする人、おかしなことは絶対にいわないような職業人と思っている人もいるでしょう。

でも、決してそうではありません。

そもそも税法にはグレーゾーンが多く、解釈の仕方によって税金の額が変わってくることもあります。納税者がそれを知らないのをいいことに、無理やり言いくるめて税金を取ろうとする調査官もいます。ですから調査官の指摘で納得のいかないことがあれば、納得がいくまで説明を求めましょう。

たとえば、「接待交際費に計上されている飲食費が多すぎるので少し削ってください」などといわれたとします。

接待交際費というのは、金額が多いか少ないかが問題ではなく、交際費として計上が可能かどうかが問題です。ちゃんとした交際費ならば額が多かろうと問題はないのです。接待交際費 ⇒ 85ページ

しかし調査官は、さも交際費の額が多いことが問題かのような口ぶりで、交際費に計上することを否認しようとすることもあるのです。こういう場合は、「この交際費のどこが問題なのですか？　交際費に該当しないものがあるんでしょうか？」と説明を求めましょう。

また税理士に依頼している人は、納得がいかないことに関しては、すべて税理士と相談してから回答しましょう。特に追徴税が発生するような指摘を受けた場合は、その場では絶対に即答しないことです。

chapter
12
税務署

243

自ら修正申告を出すかどうかは大きなポイント

☑ 税務調査で誤りが見つかったときには修正申告を出すことが多いです。
☑ しかし修正申告を出せば後から文句をいえなくなります。

修正申告という不思議な仕組み

税務調査で申告漏れなどが見つかった場合、だいたい納税者は修正申告書を出すことになります。

この「修正申告」というのも、実はくせものなのです。

修正申告は、納税者が税務調査で指摘を受けて「先の申告は誤りがあったので修正します」と自発的に申告するものです。

これはよく考えたらおかしなことです。

もし税務調査で明らかな誤りが見つかったなら、納税者に自発的に修正させなくても、税務署自身が追徴税を課せば済むはずです。それなのに、なぜ納税者に自発的に修正させるのかというと、後から文句をいわせないためです。

税務調査での指摘事項というのは、必ずあいまいなものが含まれます。税法に照らし合わせて「明らかに間違っている」ことは少なく、「何かおかしいけど、法律上は微妙」というものが多いのです。

そういうあいまいな指摘事項に対して税務署が強制的に追徴課税などをしてしまうと、納税者が反発し訴訟になったときに覆される恐れがあります。

そこで、納税者と同意の上で、納税者が自発的に申告を修正したという形をとりたがるというわけです。

あえて修正申告を出さない

　ですから、もし税務調査の結果に納得がいかなければ修正申告を出さないという選択肢もあります。

　税務署の指摘に納得がいかない場合は、その旨を明言し、「修正申告は提出しない」と伝えることもできるのです。

　税務調査では、調査官は修正申告を素早く出してくれるように求めてきます。それは、相手によく考えさせないためです。調査官はノルマが重なって時間に追われてもいますから、手早く終わらせたいという事情もあります。

　税務調査においては修正申告をどうするかは、とても大事なことです。

　納税者にとっては追徴税が発生するかどうか、いくらになるかが決まるキモの事柄です。

　このときに、調査官の指摘に納得がいかなければ、決して簡単に引き下がってはいけません。

　必ずしも税務調査の期間内に修正申告の内容を決めなくてもいいのです。最終的に修正申告を出すことになったとしても、多少長引いても構いませんから、自分が納得のいく形で出すようにしましょう。

　そして、本当に納得がいかない場合は修正申告を出さない方法もありです。

　また「修正申告を出さない」という態度を見せることは、調査官との交渉の上でも効果があります。もし納税者が修正申告を出さないとなった場合、調査官は税務署に持ち帰って「更正」をするかどうか検討します。

　更正というのは、「あなたの申告は間違っていたので、これだけの追徴税を払いなさい」と税務署が強制的にいってくることです。

　強制的にいってくるということは、税務署としては絶対に間違い

chapter **12** 税務署

が許されないことになります。逆にいえば、税法に照らしてあいまいなものやグレーゾーンにあるものなどは、なかなか更正はできないということです。

調査官自身、指摘した内容に自信がなければ、指摘事項を変更したり、追徴税額を減らしてくることもあります。「多少税金をまけるから、早く修正申告を出してくれ」というわけです。

納得がいかないのに、いわれるままに修正申告を出すことがいかに損か、おわかりいただけたと思います。

修正申告を出さなかったらどうなる？

税務調査で納税者が修正申告を出さなかった場合は、原則として税務署は更正を行います。

更正は、「あなたはこれだけの税金を納める必要があるので納めなさい」という行政命令を出すことですから、更正することは、税務署としては、その指摘事項に自信がある（税法に照らし合わせて明確に申告漏れになっている）ということです。

しかし、それも絶対ではありません。

税務署が更正をしても、後からそれが覆ったりすることもままあるのです。

もし更正処分にも納得がいかなければ、納税者は税務署に再調査の請求をすることができます。更正の通知を受けた日の翌日から３カ月以内に、税務署長に対して文書で異議申立てを行う旨を通知します。

異議申立てが行われた場合は、税務署自身がまず更正の内容を見直して再調査をし、あらためて処分を決定します。

国税不服審判所に頼る手もある

さらに「国税不服審判所」に直接、審査請求することができます。この請求は税務署長から通知が届いた日の翌日から３カ月以内

に行います。

国税不服審判所の審査では、税務署がくだした処分の20%近くが覆されています。税務署が自信を持って行った更正が、5件に1件は覆されているということです。

しかも国税不服審判所の審査では、最初に受けた処分よりも重い処分がくだることはありません。もとの処分が軽くなるか、悪くても同じという結果にしかならないのです。納税者が異議申立てをして、さらなる損を被ることはないということです。

また国税不服審判所の大きな特徴に、「通達に束縛されない」というものがあります。

行政機関は、行政上の法律を補足するために「通達」を出します。既存の法律ではすべての行政活動を網羅することはできないので、それを補完するために通達を出すのです。

しかし通達というのは、役所の中の指示書であって法律ではありません。もしかしたら通達が違法になっていることもあるのです。

国税不服審判所は、この通達には縛られず、法律によってのみ税務を判断します。ですから税務署がくだした処分が覆るケースが多いのです。

国税不服審判所の裁決でも納税者が同意できなければ、最終的に行政裁判ということになります。国税不服審判所の裁決が裁判で覆ったケースもあるので、裁判に訴えることも選択肢としてなしとはいえません。

ただし、そこまでこじれたとしても追徴税は最初に払っておくようにしましょう。

というのも、裁判で負けてから追徴税を払うと14.6%という高率の延滞税を取られることになるからです。裁判が長引けば、追徴税が雪だるま式に膨れ上がることになります。

あらかじめ払った追徴税は、裁判で税務署の処分が覆った場合には利子を付けて返還されます。

実は税務調査では これが一番大事

☑ 税金は知らない人、弱い人が損をするようにできています。
☑ 不正行為だけは絶対に働いてはいけません。

追徴税は交渉次第で額が変わる

税務調査の最大の関心事は最終的な追徴税の額です。

個人事業者の方も、会社を経営している方もぜひ知っておいていただきたいのは、税金は交渉次第で変わるということです。

何度もいいますが、税法にはあいまいなところがたくさんありますから、明確に「この人の税金はいくら、あの人はいくら」とわかるケースはまれです。

ですから、税務署が提示した額をすんなり受け入れるのは、あまり賢いことではありません。まずいったんは保留してみるべきでしょう。粘ることで追徴税が低くなることもあるのです。

もちろん、明らかな申告誤りで納税者側に非がある場合は粘っても仕方ありません。いたずらに長引かせて税務署を怒らせれば、かえって損することもあります。

自分に非があるかどうか税理士の意見を聞いてみるなどして、非がないのであれば頑張って粘ってみる。そのへんはうまく状況を見極めて臨機応変に対応したいものです。

調査官は知らない相手からふんだくる

筆者も税務署の調査官をしていましたが、調査官は、いってしまえば非常にずる賢い人種です。

追徴税は取りたい、けれども面倒に巻き込まれるのは嫌だと思っ

ています。税務調査はお金に関することである以上、調査官と納税者の間でトラブルが起こることもしばしばあります。調査官は、なるべくそれを避けようとします。

となると、うるさ型の人に対しては、遠慮がちに調査をすることになります。

一方で、相手が大人しくいうことを聞くと見るや調査の仕方が変わります。極端な場合は、どんどん無茶な要求をしていくようになり、たとえば店舗と住居一体型のお店なら家の中まで入り込もうとしたり、お店が開店した後も居座ったりするなんてこともあります。

いいたいことははっきりいわないと、本来なら払わなくていい税金まで払わされるはめになってしまうことを覚えておいてください。

納税者が絶対にしてはいけないこと

最後に、税務申告において不正だけはしてはならない、と念押しさせてもらいます。不正というのは、売上を隠したり、ありもしない経費をでっちあげたり水増ししたりすることです。つまり、脱税工作です。

これは社会道義的な面もありますが、何よりリスクが高いからです。税務署の調査官は不正を発見することが仕事ですから、不正の発見にかけては非常に高度なノウハウを持っています。

一度不正が発見されてしまうと、重加算税という35％にものぼる多額の追徴税が課せられる上、その後、税務署から重点的にマークされることになります。

税務署が税務調査を行う頻度もぐっと増すことになります。過去に不正をしていれば、現在のことでもいいたいことがいいにくくなります。

不正はバカバカしいことです。税務署と正しく戦うためにも不正はしてはならないのです。

chapter **12** 税務署

キーワード索引

chapter3 サラリーマンの税金 のキーワード

chapter4 個人事業者の税金 のキーワード

chapter5　会社の税金 のキーワード

chapter6　相続税 のキーワード

chapter7　贈与税 のキーワード

chapter8　消費税 のキーワード

chapter9　車の税金 のキーワード

chapter10　不動産の税金 のキーワード

chapter11　株の税金 のキーワード

chapter12 　税務署 のキーワード

著者紹介

大村 大次郎 （おおむら・おおじろう）

1960年生まれ、大阪府出身。元国税調査官。
国税局、税務署で10年間、主に法人税担当調査官として勤務。退職後、経営コンサルタント、フリーライターとなる。
難しい税金をわかりやすく、面白く語る専門家として定評がある。執筆活動のほか、ラジオ出演、フジテレビドラマ「マルサ!!」、テレビ朝日ドラマ「ナサケの女」の監修など幅広く活動。主な著書に『あらゆる領収書は経費で落とせる』（中公新書ラクレ）、『確定申告でお金を残す！元国税調査官のウラ技』『会社の税金 元国税調査官のウラ技』（技術評論社）、『教養として知っておきたい33の経済理論』（彩図社）、『おひとりさまの老後対策』（小学館新書）、『会計の日本史』（清談社Publico）、『ブッダはダメ人間だった』（ビジネス社）など多数。

税金の表と裏の教科書

2021年 5月 1日 初版 第1刷発行
2023年 2月21日 初版 第2刷発行

著 者　大村 大次郎

発行者　片岡 巌

発行所　株式会社技術評論社
　　　　東京都新宿区市谷左内町21-13
　　　　電話　03-3513-6150 販売促進部
　　　　　　　03-3513-6166 書籍編集部

印刷／製本　昭和情報プロセス株式会社

定価はカバーに表示してあります。

本書の一部または全部を著作権法の定める範囲を超え、無断で複写、複製、転載、テープ化、ファイルに落とすことを禁じます。

©2021 大村大次郎事務所

カバーデザイン　TYPEFACE
カバーイラスト　まえだなをこ
本文デザイン／レイアウト
　　　　矢野のり子＋島津デザイン事務所
本文イラスト　中山成子

本書は情報の提供のみを目的としています。本書の運用は、お客様ご自身の責任と判断によって行ってください。本書の運用などによっていかなる損害が生じても、技術評論社および筆者は一切の責任を負いかねます。

本書の内容に関するご質問は弊社ウェブサイトの質問用フォームからお送りください。そのほか封書もしくはFAXでもお受けしております。

ご質問は本書の内容に関するものに限らせていただきます。本書の内容を超えるものや、個別の税務相談、事業コンサルティングに類するご質問にはお答えすることができません。あらかじめご了承ください。

〒162-0846
東京都新宿区市谷左内町21-13
(株)技術評論社　書籍編集部
『税金の表と裏の　　教科書』質問係
FAX　03-3513-6183
質問用フォーム　https://gihyo.jp/book/2021/978-4-297-12036-8